SV

Robert Walser

Werke
Berner Ausgabe

Herausgegeben von Lucas Marco Gisi, Lukas Gloor, Reto Sorg, Peter Stocker und Peter Utz, im Auftrag der Robert Walser-Stiftung Bern

Band 8

Robert Walser
Gedichte

Herausgegeben von Lucas Marco Gisi, Thomas Studer und Hubert Thüring

Suhrkamp Verlag

Erste Auflage 2021

Umschlag: Brian Barth
Satz: Satz-Offizin Hümmer GmbH, Waldbüttelbrunn
Printed in Germany
ISBN 978-3-518-43013-2

Inhalt

Gedichte
von
Robert Walser
Mit Radierungen von Karl Walser

Im Bureau

Der Mond sieht zu uns hinein,
er sieht mich als armen Commis
schmachten unter dem strengen Blick
meines Prinzipals,
ich kratze verlegen am Hals.

Nein, dauernden Lebenssonnenschein
hab ich noch nie gekannt, noch nie
so ganz. Mangel ist mein Geschick;
errötend kratzen zu müssen am Hals
unter dem Blick des Prinzipals.

Der Mond ist die Wunde der Nacht,
Blutstropfen sind alle Sterne.
Ob ich dem blühenden Glück auch ferne,
ich bin dafür bescheiden gemacht,
der Mond ist die Wunde der Nacht.

Langezeit

Ich tu mir Zwang,
zu scherzen und lachen,
was soll ich machen,
die Zeit ist lang.

Gewohnten Gang,
im müden Herzen,
gehn alte Schmerzen,
die Zeit ist lang.

Ich muß den Hang,
zu weinen, bezwingen,
nebst andern Dingen,
die Zeit ist lang.

Abend

Schwarzgelb im Schnee vor mir leuchtet
ein Weg und geht unter Bäumen her.
Es ist Abend, und schwer
ist die Luft von Farben durchfeuchtet.

Die Bäume, unter denen ich gehe,
haben Äste wie Kinderhände.
Sie flehen ohne Ende
so unsäglich lieb, wenn ich stille stehe.

Die fernen Gärten und Hecken
brennen in dunklem Wirrwarr,
und der glühende Himmel sieht angststarr,
wie die Kinderhände sich strecken.

Wintersonne

Auf Wänden und an Mauern,
es wird nicht lange dauern,
brennt goldner Sonnenschein.
Der Tag hat aufgehoben,
was auf dem Land gewoben,
was Nacht und Nebel war.
Beruhigendes Lärmen,
Brustrecken, Händewärmen,
seeliger Sonnenschein.
Nun hab' ich auch vergessen,
was lang auf mir gesessen,
was Schmerz und Schwere war.

Warum auch

Und als ein solcher klarer
Tag hastig nun wieder kam,
sprach er voll ruhiger, wahrer
Entschlossenheit langsam:
Nun soll es anders sein,
ich stürze mich in den Kampf hinein;
ich will gleich so vielen Andern
aus der Welt tragen helfen das Leid,
will leiden und wandern,
bis das Volk befreit.
Will nie mehr müde mich niederlegen;
geschehen soll etwas.
Da überkam ihn ein Erwägen,
ein Schlummer: ach, laß doch das.

Morgenstern

Ich mache das Fenster auf,
es ist dunkle Morgenhelle.
Das Schneien hörte schon auf,
ein großer Stern ist an seiner Stelle.

Der Stern, der Stern
ist wunderbar schön.
Weiß von Schnee ist die Fern',
weiß von Schnee alle Höhn.

Heilige, frische
Morgenruh in der Welt.
Jeder Laut deutlich fällt;
die Dächer glänzen wie Kindertische.

So still und weiß:
Eine große, schöne Einöde,
deren kalte Stille jede
Äußerung stört; in mir brennt's heiß.

Gebet

Gebet ist heute Nacht
mein allereinzigst Tun.
Ich hab ihn ja vollbracht,
ich hab ihn hingewacht,
den Tag, und kann jetzt ruhn.

Die Bäume

(Eine Ballade)

Sie sollten nicht so die Fäuste ballen,
meine Sehnsucht ist es, die sich ihnen naht;
nicht also zornerfüllt dastehen,
meine Sehnsucht naht sich schüchtern ihnen;
nicht wie böse Hunde sprungbereit sein,
wollen sie meine Sehnsucht zerreißen?;
nicht so mit weiten Ärmeln drohen,
meiner Sehnsucht tut das weh.
Warum sind sie auf einmal umgewandelt;
gleich groß und gleich tief ist meine Sehnsucht.
So weh es ist, so drohend es ist:
ich muß zu ihnen gehn, ich bin schon da.

Welt

Es lachen, es entstehen
im Kommen und im Gehen
der Welt viel tiefe Welten,
die alle wieder wandern
und fliehend, durch die andern,
als immer schöner gelten.
Sie geben sich im Ziehen,
sie werden groß im Fliehen,
das Schwinden ist ihr Leben.
Ich bin nicht mehr bekümmert,
da ich kann unzertrümmert
die Welt als Welt durchstreben.

Helle

Graue Tage, wo die Sonne
sich wie eine blasse Nonne
hat gebärdet, sind nun hin.
Blauer Tag steht blau da oben,
eine Welt ist frei erhoben,
Sonn' und Sterne blitzen drin.
Alles das vollzog sich stille,
ohne Lärm, als großer Wille,
der nicht federlesens macht.
Lächelnd öffnet sich das Wunder,
nicht Raketen und nicht Zunder
brauchts dazu, nur klare Nacht.

Wiegen

Ich will nicht viel mehr machen,
als noch ein wenig wachen,
es ist so schön, allein
noch wach und reg zu sein.
Ich kann ja halb schon liegen
und bis zum Schlaf mich wiegen
schon in den Traum hinein.

Brausen

Es braust noch immer in der Welt,
das Brausen hört doch niemals auf;
ich liebe – es hört niemals auf,
es braust ein Lieben durch die Welt.
Und ob ich auch ein Feigling bin,
und ob du auch ein Kranker bist:
du liebst, wenn du es auch nicht bist,
der liebt, ich liebe, wenn ich's auch nicht bin.
Es braust, und ich steh horchend still,
ich weiß, ich hasse den und den,
es nützt mir nichts; wie ich auch will:
ich liebe alles, so auch den.
Dann gibt es Stunden, wo ich weiß,
daß wir vor Liebe alle heiß.

Nicht?

Ich liege im Zimmer, gequält
von schwarzen Erinnerungen,
wie hab ich doch schwer gefehlt,
wie bin ich zu fehlen gezwungen.

Scheint denn die Sonne heut nicht?
Es liegen ja alle Armen
auf den Knien, mit ihren warmen
Herzen, die Angst im bangen Gesicht.

Scheint denn die Sonne heut nicht?

Wie immer

Die Lampe ist noch da,
der Tisch ist auch noch da,
und ich bin noch im Zimmer,
und meine Sehnsucht, ah,
seufzt noch wie immer.

Feigheit, bist du noch da?
und, Lüge, auch du?
Ich hör' ein dunkles Ja:
das Unglück ist noch da,
und ich bin noch im Zimmer
wie immer.

Tiefer Winter

In die Fensterscheiben sind jene
unendlich zärtlichen, zarten
Blumen gegraben, als große Träne
hängt der gelbe Mond aus dem Nebelgarten.

Das ist ein Garten, die Welt, worin
jetzt alle Wollust gestorben,
und Laut und Himmel verdorben.
Die Fensterblumen sind der erstarrte Sinn.

Auf die vielen weißen Dächer,
auf die Felder, die eben so weiß sind,
weint der Mond, auch in Gemächer,
wo Menschen toll oder weis' sind.

Schnee

Es schneit, es schneit, bedeckt die Erde
mit weißer Beschwerde, so weit, so weit.

Es taumelt so weh, hinunter vom Himmel,
das Flockengewimmel, der Schnee, der Schnee.

Das gibt dir, ach, eine Ruh, eine Weite,
die weißverschneite Welt macht mich schwach.

So daß erst klein, dann groß mein Sehnen
sich drängt zu Tränen, in mich hinein.

Angst

Ich möchte,
die Häuser regten sich,
sie kämen auf mich los,
das wäre schauerlich.

Ich möchte,
mein Herz verdrehte sich,
und mein Verstand stünd still,
das wäre schauerlich.

Das Schauerlichste möchte
ich pressen an mein Herz,
ich sehne mich nach Angst,
nach Schmerz.

Schäferstunde

Hier ist es still, hier bin ich gut,
hier sind die Matten frisch und rein,
und Schattenplatz und Sonnenschein
sind sich wie artige Kinder gut.
Hier ist mein Leben aufgelöst,
das eine harte Sehnsucht ist,
ich weiß nicht mehr, was Sehnsucht ist;
hier ist mein Wollen aufgelöst.
Ich bin so still, so warm bewegt,
es ziehen Linien durch's Gefühl,
ich weiß nicht, alles ist Gewühl,
und doch ist alles widerlegt.
Ich höre keine Klagen mehr,
und doch ist Klage in dem Raum,
so sanfter Art, so weiß, so Traum,
und wieder weiß ich gar nichts mehr.
Ich weiß nur, daß es still hier ist,
entblößt von allem Drang und Tun,
hier bin ich gut, hier kann ich ruhn,
da keine Zeit die Zeit mir mißt.

Heimkehr

An meinen Wangen brennt es heiß,
auf meiner Lippe bebt es noch,
weil ich mein Herz ihr übertrug
zum Sprechen; alle Sprache war
voll Irrtum und Befangenheit,
ein Übermut, ein jäher Klang.
Das war mein Sprechen, ach, dies zeigt
sich auf der roten Wange noch,
die ich nach Hause trage jetzt.
Ich senke meinen Blick zum Schnee,
ich geh vorbei an manchem Haus,
an mancher Hecke, manchem Baum,
der Schnee ziert Hecke, Baum und Haus.
Ich geh' vorbei, den Blick zum Schnee
gesenkt, an meiner Wange ist
nichts, als erinnrungsheißes Rot,
mich mahnend an die wüste Sprach.

Stille

Wie wär ich froh, wenn irgendwo
nur still ich ruhen könnte;
Zufriedenheit, als warmes Kleid,
mir innre Stille gönnte.

Wie liebt' ich sie, wenn irgendwie
ich darin Trost empfände,
was sicher ist, da aller Zwist
in ihr ein Ende fände.

Weiter

Ich wollte stehen bleiben,
es trieb mich wieder weiter,
vorbei an schwarzen Bäumen,
doch unter schwarzen Bäumen
wollt' ich schnell stehen bleiben,
es trieb mich wieder weiter,
vorbei an grünen Wiesen,
doch an den grünen Wiesen
wollt' ich nur stehen bleiben,
es trieb mich wieder weiter,
vorbei an armen Häuschen,
bei einem dieser Häuschen
möcht' ich doch stehen bleiben,
betrachtend seine Armut,
und wie sein Rauch zum Himmel,
zum Himmel steigt, ich möchte
jetzt lange stehen bleiben.
Dies sagte ich und lachte,
das Grün der Wiesen lachte,
der Rauch stieg räuchlich lächelnd,
es trieb mich wieder weiter.

Sünde

Ich sehe, wie sie leuchten,
die nacht- und morgenfeuchten,
erwärmten Wiesengründe.
Ich seh die Sonne blenden,
ich sitze zwischen Wänden
und Mauern, es ist Sünde.
Es gehen helle Schatten
durch aufgeregte Matten,
die jetzt ein bunt Getäfel.
Ich sitze so gefangen
in Mißmut und in bangen
Gedanken, es ist Frevel.

Im Mondschein

Ich dachte gestern Nacht,
die Sterne müssen singen,
als ich aufgewacht
und es leise hörte klingen.

Es war aber eine Handharfe,
die durch die Räume drang,
und durch die kalte scharfe
Nacht klang es so bang.

Dachte so verlornem Ringen,
Gebeten und Flüchen nach,
und noch lange hört' ich es singen,
lag lang noch wach.

Ein Landschäftchen

Dort steht ein Bäumlein im Wiesengrund
und noch viele artige Bäumlein dazu.
Ein Blättlein friert im frostigen Wind
und noch viele einzelne Blättlein dazu.
Ein Häuflein Schnee schimmert an Baches Rand
und noch viele weiße Häuflein dazu.
Ein Spitzlein Berg lacht in den Grund hinein
und noch viele schuftige Spitze dazu.
Und in dem allem der Teufel steht
und noch viele arme Teufel dazu.
Ein Englein kehrt ab sein weinend Gesicht
und alle Engel des Himmels dazu.

Weinenden Herzens

Ich fühle tausend Dinge, wenn
ich an dich denke, Jesus.
Es wird mir so heiß, denn
dein Name ist ein verwirrender Kuß.

Du stehst noch immer im Schnee
und starrst, was die Armen wollen,
die Armen, die dir so weh
getan haben sollen.

Das taten jedoch nicht sie,
das Schauerliche deines Tods,
jene Einsamen, nein, nie!
Das tat ein betrunkener Trotz.

Das taten rohe Gesellen,
die an Verkommenheit reich.
Die Armut hat mit den Quellen
deines Bluts nichts gemein, nichts gleich.

Ich will unter Armut verstanden
haben ein stilles Weh,
Menschen, die außer den Banden
der Tat, hingestreut, weich, wie Schnee.

Und starrend licht wie derselbe,
und Jesus sieht ihnen zu,
noch heute, seine gelbe
helle Haarwelle flattert ohne Ruh.

Bisweilen kommt es dahin,
daß Jesus noch einmal lacht,
zärtlich, und mit wunderbarem Sinn,
und beruhigend wie eine Nacht.

Am Morgen sind dann im Schnee
von ihm noch Fußstollen.
Er gehört den Armen, die ihm so weh
getan haben sollen.

Am Fenster

Das herzwarme Braun der Erde,
das kindliche Weiß darauf,
die silbergrüne Wiese jetzt,
haben einen Traum in die Welt gesetzt,
den Traum des Lächelns.

Es streichelt meine Wangen
die Hand eines guten Menschen,
mein Auge ist seelig blind,
ich würde sonst sagen können,
wessen Hände so zärtlich sind.

Den Traum des glücklichen Lächelns
haben die frauenhaft feinen,
zustimmend nickenden Farben
in die weite Welt gesetzt,
ich steh am Fenster jetzt.

Beiseit

Ich mache meinen Gang;
der führt ein Stückchen weit
und heim; dann ohne Klang
und Wort bin ich beiseit.

Vor Schlafengehen

Da sich's doch wieder erfüllte,
da die Erde im schwärzesten Ruhn,
will ich nichts weiter tun,
als die tagüber verhüllte
Sehnsucht freudig öffnen nun.

Zu philosophisch

Wie geisterhaft im Sinken
und Steigen ist mein Leben.
Stets seh ich mich mir winken,
dem Winkenden entschweben.

Ich seh mich als Gelächter,
als tiefe Trauer wieder,
als wüsten Redeflechter;
doch alles dies sinkt nieder.

Und ist zu allen Zeiten
wohl niemals recht gewesen.
Ich bin vergessne Weiten
zu wandern auserlesen.

Knabenliebe

Das schöne Mädchen kam vorbei,
er kniete, als es langsam kam,
er kniete, und er sang es an
mit einem Lied zum Saitenspiel;
er trug ihr seine treue Lieb'
mit Wehmut und mit Lächeln vor;
sein Herz klang scheu im Saitenspiel,
das zitternd wie die Liebe klang,
sein Auge sah das Mädchen an,
die Zähne schimmerten im Mund,
mit dem er bebend, flehend sang.
Das Liebeslied ging nicht zu End';
endlos, wie seine Liebe, drang
aus ihm heraus der schlichte Ton.
So trug er seine Sehnsucht vor,
die Luft war lieb- und sinngeschwellt,
der blaue Himmel sah herab,
das Mädchen aber floh davon,
es war verschwunden, aber schon
starb auch der leise Liebeston.

Enttäuschung vergißt man nie,
wie der Lockruf des Glücks unvergeßlich ist.
Erinnern ist Sehnsucht, ach, sie,
weil sie so unermeßlich ist,
vergißt man nie.

Drückendes Licht

Zwei Bäume stehen im Schnee,
der Himmel, müde des Lichts,
zieht heim, und sonst ist nichts,
als Schwermut in der Näh.

Und hinter den Bäumen ragen
dunkle Häuser hinauf.
Jetzt hört man etwas sagen,
jetzt bellen Hunde auf.

Nun erscheint der liebe, runde
Lampenmond im Haus.
Nun geht das Licht wieder aus,
als klaffte eine Wunde.

Wie klein ist hier das Leben,
und wie groß das Nichts.
Der Himmel, müde des Lichts,
hat alles dem Schnee gegeben.

Die zwei Bäume neigen
ihre Köpfe sich zu.
Wolken durchziehn die Ruh
der Welt im Reigen.

Leicht gesagt

Mögen sich die Stunden dehnen
wie der Himmel und mein Sehnen.
Schnell wie eines Namens Nennen
ist mein fliegendes Erkennen;
schneller als der Stunden Blähen,
schneller als der Sehnsucht Flehen
ist des Drängens Überstehen.

Bangen

Ich habe so lang, gewartet auf süße
Töne und Grüße, nur einen Klang.

Nun ist mir bang; nicht Töne und Klingen,
nur Nebel dringen, im Überschwang.

Was heimlich sang, auf dunkler Lauer:
Versüße mir, Trauer, jetzt schweren Gang.

Seht ihr

Seht ihr mich über Wiesen ziehn,
die steif und tot vom Nebel sind?
Ich habe Sehnsucht nach dem Heim,
dem Heim, noch nie von mir erreicht,
und auch von einer Hoffnung nicht
berührt, daß ich es jemals kann.
Nach solchem Heim, noch nie berührt,
trag ich die Sehnsucht, nimmermehr
stirbt sie wie jene Wiese stirbt,
die steif und tot vom Nebel ist.
Seht ihr mich angstvoll drüber ziehn?

Und ging

Er schwenkte leise seinen Hut
und ging, heißt es vom Wandersmann.
Er riß die Blätter von dem Baum
und ging, heißt es vom rauhen Herbst.
Sie teilte lächelnd Gnaden aus
und ging, heißt's von der Majestät.
Es klopfte nächtlich an die Tür
und ging, heißt es vom Herzeleid.
Er zeigte weinend auf sein Herz
und ging, heißt es vom armen Mann.

Stunde

Die Stunde kommt, die Stunde geht;
in einer Stunde liegt so viel,
liegt der Gefühle Widerspiel,
liegt Sehnsucht, die wie Frühwind weht.
In einer Stunde spricht der Tag
sein Beten oder Fluchen aus,
und ich bin stets das arme Haus,
gefüllt mit Jubel oder Plag.
In einer Stunde liegt die Welt
nichtsahnend, nichtsbegehrend so,
und ach, ich weiß nicht immer wo
sie ruht und schlummert, meine Welt.

Müdigkeit

Entführ' mich, wie ich bin;
sieh, mein verirrter Sinn
weist von sich diese Welt,
die ihn nicht mehr erhellt.
Komm, o ich werde brav
und seelig stille sein
in deinem dichten Schein,
heiliger, süßer Schlaf.

Trug

Nun wieder müde Hände,
nun wieder müde Beine,
ein Dunkel ohne Ende,
ich lache, daß die Wände
sich drehen, doch dies eine
ist Lüge, denn ich weine.

Gelassenheit

Seit ich mich der Zeit ergeben,
fühl' ich etwas in mir leben,
warme, wundervolle Ruh.
Seit ich scherze unumwunden
mit den Tagen, mit den Stunden,
schließen meine Klagen zu.
Und ich bin der Bürd' entladen,
meiner Schulden, die mir schaden,
durch ein unverblümtes Wort:
Zeit ist Zeit, sie mag entschlafen,
immer findet sie als braven
Menschen mich am alten Ort.

Editorische Notiz

Der edierte Text wurde auf der Basis der Kritischen Robert Walser-Ausgabe (KWA, Bd. I.10.1) konstituiert und in der Textwerkstatt des Robert Walser-Zentrums am gedruckten Originaltext (1. Auflage 1909) kontrolliert. Auf Modernisierungen oder Normalisierungen der Orthografie wird verzichtet. Nicht modernisiert oder normalisiert wurden beispielsweise die Verwendung von Doppel-S und Eszett sowie die Kommasetzung. Emendiert werden offensichtliche Druckversehen und triviale Flexionsfehler. Orthografische Fehler, falsche Flexionsformen, unlogischer Gebrauch von Apostroph und andern Satzzeichen werden nur emendiert, wenn sie sinnentstellend oder verständniserschwerend sind. Nicht emendiert wurden beispielsweise die Kleinschreibung im Vers »der nicht federlesens macht« (18,9) und die metrische Interpunktion im Vers »Ich habe so lang, gewartet auf süße« (43,1).

Emendationsverzeichnis

Der Ausdruck vor dem Pfeil bezieht sich auf den Originaltext, der Ausdruck danach auf den konstituierten Text der vorliegenden Ausgabe.

17,4 Die alle → die alle

Kommentar

Entstehung, Überlieferung und Rezeption

Als die von Robert Walsers Bruder Karl illustrierte Sammlung *Gedichte* 1909 im Verlag Bruno Cassirer ohne Jahresangabe erscheint, liegt die Entstehungsphase der Texte schon zehn Jahre zurück (vgl. BA 1, Nr. 353 und Keckeis/RWHb 2015, S. 79). Zehn Jahre später, 1919, erscheint im selben Verlag eine zweite Auflage, im Format verkleinert und markant billiger als die bibliophile Erstausgabe. 1944 veranlasst Walsers Vertrauter Carl Seelig bei Schwabe in Basel eine um zwei Gedichte erweiterte Neuausgabe; die von Robert Mächler und Jochen Greven edierten Bände der Werkausgaben von 1971 und 1986 greifen auf die zweite Auflage zurück, unter Verzicht auf die Abbildungen (vgl. GW, Bd. 11 und SW, Bd. 13).

Die Entstehungs- und Vorgeschichte der *Gedichte* ist gut belegt und dokumentiert Walsers Eintritt in den Literaturbetrieb. Erste Zeugnisse lyrischen Schreibens finden sich in Briefen (vgl. BA 1, Nr. 4 und 6). Am 8. Mai 1898 erscheinen im *Sonntagsblatt des Bund* unter dem Titel *Lyrische Erstlinge* sechs Gedichte: *Helle*, *Trüber Nachbar*, *Vor Schlafengehen*, *Ein Landschäftchen*, *Kein Ausweg* und *Immer am Fenster* (alle außer *Trüber Nachbar* werden in den *Gedichten* nachgedruckt). In einer Vorbemerkung stellt der Feuilleton-Redakteur Josef Viktor Widmann (1842-1911), der Walser auch später fördert, die Gedichte des »zwanzigjährige[n] Handelsbeflissene[n]« »R.W.« ausführlich vor (Widmann 1898, S. 149; vgl. Abbildungen, S. 98).

Die Publikation bewegt Franz Blei, den Debütanten an die 1899 neu gegründete Zeitschrift *Die Insel* zu vermitteln (vgl. Echte 2008, S. 96f.), die bis zu ihrem frühen Ende 1902 eine größere Anzahl Gedichte, mehrere Prosatexte und vier Dramolette Walsers publiziert. In der Folge veröffentlicht Walser bis 1907 in verschiedenen weiteren Organen einzelne Gedichte und Gedicht-Gruppen, namentlich in der *Wiener Rundschau* (1899), in *Die Freistatt* (1904) und in *Die Opale* (1907).

Die älteste erhaltene Gedichte-Handschrift (neben den genannten Briefen) ist eine undatierte, mit *Drittes Buch. Saite und Sehnsucht* betitelte Reinschrift mit fünfzig Gedichten, wovon dreizehn, teils mit Änderungen, in die *Gedichte* eingegangen sind. Daneben sind wenige einblättrige Handschriften überliefert, etwa des Gedichts *Ein Landschäftchen* (vgl. BA 1, Nr. 31); als nicht datiertes Albumblatt für Flora Ackeret hat sich das Gedicht *Enttäuschung* erhalten (vgl. BA 1, Nr. 101).

Walser bemüht sich von 1902 bis 1907 wiederholt, die Gedichte – zusammen mit Dramen- und Prosatexten – im Insel-Verlag zu veröffentlichen, wo 1904 *Fritz Kocher's Aufsätze* erscheinen (vgl. BA 4, S. 97-100). Dies zeigt, wie viel ihm an der Buchveröffentlichung seiner Gedichte liegt, auch wenn er in dieser Zeit wohl keine Verse mehr schreibt. Die Sache verzögert sich, weil der Geschäftsführer Rudolf von Poellnitz erkrankt und 1905 stirbt (vgl. BA 1, Nr. 104 und 110) und weil der Verleger Alfred Walter Heymel und der neue Geschäftsführer Anton Kippenberg sich nicht einig werden. Heymel übernimmt es schließlich, Walser, der »schwerfällig und über alle Massen empfindlich« sei (BA 3, D 70), die »Bedenken« gegenüber den Gedichten mitzuteilen (BA 1, Nr. 145). Nachdem Walsers Nachfrage (BA 1, Nr. 153) ohne Antwort bleibt, bittet er Anfang Oktober 1907 um Rücksendung der »dieses Frühjahr zugeschickten Gedicht-Manuscripte« (BA 1, Nr. 158 und 159). Erst im Februar 1908 erhält er eine definitive Absage (vgl. BA 1, Nr. 165), womit die Zusammenarbeit mit dem Insel-Verlag endet.

Zu den Verhandlungen und dem Publikationsprozess der *Gedichte* bei Bruno Cassirer sind keine Dokumente erhalten; selbst das Erscheinungsdatum von Ende 1908 oder Anfang 1909 ist aufgrund der fehlenden Jahresangabe im Buch nicht exakt feststellbar (vgl. Abbildungen, S. 103 ff.). Die *Gedichte* erscheinen unter dem schlichten Genretitel als bibliophiler Quartband in einem blauen und farbig ornamentierten Pappeinband ohne Aufschrift, mit vierzig Gedichten und sechzehn Originalradierungen von Karl Walser, limitiert auf dreihundert nummerierte und signierte Exemplare (die Unterschriften scheinen beide von der Hand Karls zu stammen; vgl. Echte 2008, S. 243), für den enormen Preis von 30 Mark (vgl. Abbildung, S. 100). Nach zehn Jahren ist die Auflage vergriffen und der Verlag veranstaltet eine Neuauflage mit gleichem Einband, in kleinerem Format und mit den Illustrationen als Lichtdrucke (vgl. Echte 2008, S. 331), die in den Texten in Einzelheiten von der Erstausgabe abweicht (vgl. Detailkommentar).

Was die redaktionellen Kommentare zur Publikation der ersten Gedichte im *Sonntagsblatt des Bund* (1898) und in der *Wiener Rundschau* (1899) vorwegnehmen (vgl. Widmann 1898, S. 149, Wiener Rundschau 1899, S. 422 f.), prägt auch die Rezensionen der Buchausgabe von 1909: Die Charakterisierung des jungen Lyrikers zwischen Tölpel und Genie, Unschuld und Gewitztheit bestimmt die Bandbreite der Einschätzungen.

Dabei urteilen die Rezensionen mehrheitlich positiv, und kaum je fehlt das Lob für das Zusammenspiel zwischen den Versen und den Radierungen, die sowohl verwandt als auch eigenständig wirkten und »doch nicht zu trennen« seien (Servaes 1909, S. 35). Otto Julius Bierbaum, Mitherausgeber der *Insel*-Zeitschrift und Förderer des frühen Walser, kritisiert nebst der unumwundenen Bewunderung immerhin die »Anordnung der Bilder und Texte« als »nicht schön«, ohne dies aber zu erläutern (Bierbaum 1909, S. 24). Widmann reklamiert in seiner Besprechung im *Sonntagsblatt des Bund* mit Selbstironie die einstmalige Entdeckung der Gedichte des damaligen jungen »Kommis«, die »jetzt von Berlin her in gar vornehmer Prachtkutsche angefahren« kämen (Widmann 1909, S. 95).

Fast alle Rezensionen betonen das Außerordentliche und Nichtfassbare der Gedichte, die »durch Einfachheit, Liebheit, Gradherzigkeit« bestächen, in denen aber dennoch »etwas Inkommensurables« webe, so Franz Servaes in der *Neuen Freien Presse*. Die besondere Wirkung liege in den »Stimmungswidersprüchen und kleinen Launenhaftigkeiten« zwischen »Vernünftigkeiten und Torheiten«, »Phantastereien und hausbackenen Realismen«, die »herbeihüpfende Ironie« begegne dem »scheue[n], leise[n] […] Schmerz« (Servaes 1909, S. 35). Ebenso einhellig erkennen die Rezensenten das echt und unmittelbar Lyrische, das von innen heraus entstehe, eine »Kunst, gleichsam im Traume zu reden und dabei doch stark und klar zu gestalten« (Bierbaum 1909, S. 24).

Hans Bethge versucht, dies formaler zu fassen:

> Robert Walser liebt die einfachen, unfeierlichen Rhythmen, er verschmäht den äußeren Klang, aber das inwendige Leben ist bedeutend. Mitunter scheint er holprig und ungeschickt, vielleicht ist er's absichtlich, um ja nicht glatt zu erscheinen. Er ist immer rein lyrisch. (Bethge 1909, Sp. 1471f. und Bethge 1910, S. 224)

Franz Blei urteilt 1937 rückblickend ähnlich:

> Es waren wirkliche und richtige Gedichte von innen her. Nirgends dirigierte der Reim den Sinn. Keines der Gedichte war über die Melodie moduliert, der das Ohr nachgibt. Es wurde nicht Poesie der Musik, Sprache dem Rhythmus, Wort dem Melos geopfert. (Blei 1937, S. 329)

Bierbaum erinnert in der zitierten, bewundernden Rezension aber auch daran, »daß Walser zu den Dichtern gehörte, deren Arbeiten mit dazu beigetragen haben, daß ›man‹ seinerzeit sich dahin einigte, die ›Insel‹ nicht ernst zu nehmen«. Eines seiner Gedichte habe »damals sogar den Weg durch die deutsche Presse gefunden: als Symptom modernen Blödsinns« (Bierbaum 1909, S. 24).

Die zweite Ausgabe von 1919 findet ebenfalls ein recht weitreichendes Echo in wichtigen Organen der deutschen Literaturkritik (vgl. KWA, Supplement-Band 1). Doch die Meinungen sind auch hier geteilt. Exemplarisch dafür etwa Otto von Greyerz, der halb verärgert, halb mitleidig urteilt: »[S]o abgeklappt und schachmatt« habe »noch selten einer gedichtet«. Immerhin seien »diese müden Verse eines hoffnungs- und ziellosen Lebenspilgers nicht ohne Musik« und hätten »in ihrer hilflosen Armut und Eintönigkeit etwas Rührendes«, wozu die »prunkvolle Ausstattung«

»ironisch« wirke (Greyerz 1919, S. 2). Eduard Korrodi dagegen erkennt in der *Neuen Zürcher Zeitung* in den *Gedichten* einen »andere[n] Walser [...] als in der Prosa«, betont aber vor allem die »brüderliche Harmonie«, die sich gerade auch darin zeige, »daß der zeichnende den dichtenden Bruder [...] bei den schönsten und in ihrer besänftigten Trauer ganz die Weise des Herzens wiederschwingenden Gedichten allein läßt« (Korrodi 1919, S. 1 f.).

Walsers Lyrik wird weiter überraschen und irritieren: Zwar wird er keinen weiteren Gedichtband mehr publizieren, doch von 1924 an bis zum Ende seines literarischen Schaffens 1933 erlebt er im Rahmen der Mikrogramm-Produktion eine neue lyrische Phase mit rund vierhundertsiebzig Gedichten (vgl. KWA, Bd. VI.1, S. 380), die immer kühner mit der Formsprache experimentieren und von denen viele vor allem im *Prager Tagblatt* und in der *Prager Presse* veröffentlicht werden.

Detailkommentar

Werke Robert Walsers werden im Folgenden mit bloßer Titelangabe zitiert, sofern die entsprechenden Bände der Berner Ausgabe (BA) noch nicht erschienen sind. Für Band- und Seitenangaben nach bereits vorliegenden Ausgaben (SW, AdB, KWA) vgl. das Titelregister der KWA^{e} (›Elektronisches Findbuch der Kritischen Robert Walser-Ausgabe‹).

Im Bureau

Textüberlieferung
- *Die Opale*, Halbbd. 1, T. 1 (Januar 1907), S. 7.
- *Gedichte* (1909), S. 7.
- *Gedichte* (1919), S. 7f.

Mit dem modernen Büro wird ein nach traditionellen Auffassungen nicht der Lyrik zugehöriger Ort aufgerufen, dem Walser in seinen Texten eine eigene Poesie abzugewinnen versteht (vgl. Sorg/Gisi 2011). Das Gedicht wird von der Spannung zwischen der geregelten äußeren Arbeitswelt des Kommis und der poetischen Innenwelt des Dichters zusammengehalten. Über das selbstreflexive Moment der Schreibszene werden in dem Gedicht die gesellschaftlichen Bedingungen dichterischer Tätigkeit reflektiert (vgl. Keckeis 2018, S. 89f.).

Zum Motiv des Monds und zu den Bezügen zu Richard Dehmels Nachdichtung eines Gedichts von Li Tai-Po vgl. Nachwort, S. 90f.

1 *Der Mond sieht zu uns hinein]* Während im Erstdruck die Situation von einem Standpunkt aus beschrieben wird (»zu uns herein«), stehen in der Buchausgabe von 1909 die Perspektiven von »Mond« und »uns« unvermittelt nebeneinander. In der Ausgabe von 1919 ist die aktive Rolle des personifizierten Mondes verstärkt, indem »sieht« durch »blickt« ersetzt wird.

1-2 *Der Mond … Commis]* Walser verwendet die ersten zwei Zeilen als Motto für sein Prosastück *Der Commis* (*Fritz Kocher's Aufsätze*, Erstdruck: 1902). Zusammen mit V. 11-15 finden sie auch Eingang ins Manuskript des Romans *Geschwister Tanner*, werden allerdings wieder gestrichen (vgl. KWA, Bd. IV.2, S. 22-25 sowie Groddeck 2014, S. 43).

4 *meines Prinzipals]* Im Erstdruck stattdessen: meines noch stren-

gern Herrn Prinzipals . – In der Ausgabe von 1909 wird die Lakonie durch Verknappungen und die paradoxe Steigerung der Strenge des Prinzipals aufgelöst.

5-6 *Hals. \\ Nein]* Wegen des Seitenumbruchs wurden in späteren Ausgaben (u. a. SW, Bd. 13, S. 7) die ersten zehn Zeilen als eine Strophe wiedergegeben. Aufgrund des Erstdrucks ist davon auszugehen, dass Walser immer ein dreistrophiges Gedicht vorgesehen hatte.

6-7 *Nein, dauernden Lebenssonnenschein … noch nie gekannt]* In der Ausgabe von 1919 gestrafft: Dauernden Lebenssonnenschein \ kannte ich noch nie.

8-10 *Mangel … Prinzipals]* Josef Viktor Widmann zitiert diese Verse als Beispiel für Walsers beeindruckenden lyrischen »Überschwang« (Widmann 1898, S. 149).

Literatur: Binder 1976, S. 24-31; Caduff 2016, S. 32-35; Gronau 2006, S. 141-144; Keckeis 2018, S. 87-92.

Langezeit

Textüberlieferung

- Handschriftliche Gedichtsammlung: *Drittes Buch. Saite und Sehnsucht* (RWZ: RW MSG-74), undatiert, S. [17], unter dem Titel »Die Zeit ist lang«.
- *Die Insel*, Jg. I/3, Nr. 9 (Juni 1900), S. 356f., unter dem Titel »Die Zeit ist lang«.
- *Gedichte* (1909), S. 8.
- *Gedichte* (1919), S. 8, unter Weglassung des Kehrverses »die Zeit ist lang«.

Langezeit ist eines von mehreren Gedichten, die Zeit im Spannungsfeld von objektivierbarer Zeit und subjektiv empfundener Zeit, von Einmaligkeit und Wiederholung thematisieren (vgl. Binder 1976, S. 91-107 und Nachwort, S. 82-85). Der »Zwang«, die innere Bedrücktheit mit äußerem Frohsinn und mit Routine zu parieren, verbindet sich mit dem subjektiven Erleben der Zeit, die sich dehnt. Anders als in der Romantik ist die Sehnsucht hier an den diesseitigen Alltag gebunden (vgl. dazu auch Walser an Lisa Walser, BA 1, Nr. 5).

0 *Langezeit]* Meint im Schweizerdeutschen ›Sehnsucht‹.

4 *die Zeit ist lang]* Die Ausgabe von 1919 lässt diesen Kehrvers hier in V. 4 und auch in V. 8 und 12 weg. Weil in *Saite und Sehnsucht* und im Erstdruck der Titel »Die Zeit ist lang« lautet, ist das Gedicht in der Ausgabe von 1909 der einzige Text, in dem durch das Nebeneinander von »Die Zeit ist lang« (im Kehrvers) und »Langezeit« (im Titel) der Doppelsinn des schweizerdeutschen Ausdrucks »Langezeit« explizit wird.

Literatur: Binder 1976, S. 93-96; Kellenberger 1981, S. 60-62.

Abend

Textüberlieferung
- *Gedichte* (1909), S. 9.
- *Gedichte* (1919), S. 9.

Das Gedicht greift Elemente der Naturlyrik auf. Auffallend sind die Personifikationen des Wegs, der Bäume und des Himmels. Das Gedicht wird durch die gegenläufigen Bewegungen von Zeilenbruch und Enjambement bestimmt.

Wintersonne

Textüberlieferung
- *Die Opale*, Halbbd. 1, T. 1 (Jan. 1907), S. 6, gegliedert in zwei Strophen.
- *Gedichte* (1909), S. 9.
- *Gedichte* (1919), S. 9.

Die Entsprechung zwischen dem Innenleben des Ich und dem Gang des Tages und des Wetters wird im Gedicht vermittelt durch die »Wände« und »Mauern«. Das ›Vergessen‹ von »Schmerz und Schwere« kann analog dazu verstanden werden. Das Gedicht thematisiert den Stimmungswechsel nicht nur (wie etwa auch in *Helle* und *Morgenstern*), sondern vollzieht ihn zugleich rhythmisch.

Als Intertext kann Friedrich Nietzsches Dithyrambus *Die Sonne sinkt* gelten: »Rings nur Welle und Spiel. \ Was je schwer war, \ sank in blaue Vergessenheit \ müßig steht nun mein Kahn. \ Sturm und Fahrt – wie verlernt er das! \ Wunsch und Hoffen ertrank, \ glatt liegt Seele und Meer.« (Nietzsche 1991, S. 396).

Warum auch

Textüberlieferung
- *Die Opale*, Halbbd. 2, T. 1 (Jan. 1907), S. 8.
- *Gedichte* (1909), S. 10.
- *Gedichte* (1919), S. 10.

Durch die Verbindung einer berichtenden Exposition und eines darauffolgenden Monologs erhält dieses Gedicht einen erzählenden Charakter. Es reflektiert Walsers frühes politisches Engagement, wie es sich auch im Gedicht *Zukunft* äußert, das er 1897 an die sozialistische *Arbeiterstimme* schickt (vgl. BA 1, Nr. 1-4). Das Pathos des politischen Kampfes wird auch formal gebrochen, indem der erhabene Ton als unpassende Form herausgestellt wird, so in der Dissonanz der Reime »Leid« und »bereit« oder »niederlegen« und »Erwägen«. Die Zeilen entlarven den Reim als »lächerlichen, künstlichen Aufputz«, wobei die »Hilflosigkeit in der Sprache [...] der Hilflosigkeit in der Welt« entspricht (Baier 2004, S. 12f.).

12 *geschehen soll etwas]* Im Erstdruck: Es muß, ja, es muß etwas \ gescheh'n . – Die im Erstdruck erst im letzten Vers relativierte absolute Forderung wird in der Buchfassung in einen Wunsch abgeschwächt, die Skepsis gegenüber der politischen Aktion wird verstärkt.

Literatur: Binder 1976, S. 40-44; Baier 2004, S. 12f.; Allemann 2009, S. 25.

Morgenstern

Textüberlieferung
- *Gedichte* (1909), S. 11.
- *Gedichte* (1919), S. 11.

Dieses Gedicht beschreibt frühmorgendliches Aufhellen und Erwachen aus der Perspektive des aus dem Fenster blickenden lyrischen Ich (vgl. die ähnliche räumliche Konstellation in *Tiefer Winter* und *Am Fenster*). In den ersten zwei Strophen wird ein Zustand der Ruhe und Stille geschildert, der in der dritten und vierten Strophe zunehmend gestört wird.

Gebet

Textüberlieferung
- Handschrift *Saite und Sehnsucht*, S. [14], unter dem Titel »Nacht«.
- *Die Insel*, Jg. I/3, Nr. 9 (Juni 1900), S. 358, unter dem Titel »Nacht«.
- *Gedichte* (1909), S. 11.
- *Gedichte* (1919), S. 11.

Der Titelwechsel gegenüber der Handschrift und dem Erstdruck verstärkt den religiösen und ›selbstkontemplativen‹ Charakter (vgl. auch *Nicht?*, *Wie immer*, *Vor Schlafengehen* oder *Gelassenheit*).

2 *allereinzigst Tun]* Lässt sich auf eine Erwerbstätigkeit beziehen, die vielleicht betriebsam, jedoch nicht erfüllend ist.

3-4 *vollbracht ... hingewacht]* Konnotation des Tages als religiöse ›Bürde‹ und die verdiente Erlösung; vgl. *Gelassenheit*.

Literatur: Binder 1976, S. 36f., 42-44.

Die Bäume

Textüberlieferung
- Handschrift *Saite und Sehnsucht*, S. [45].
- *Gedichte* (1909), S. 12.
- *Gedichte* (1919), S. 12.

Form und Inhalt dieses Gedichts stehen in einem ironischen Verhältnis zur Bezeichnung als Ballade, besonders in der Darstellung der ›schicksalsvollen Begegnung‹. Die Hinwendung zur Natur ist hindernisreich: Erst nach fünfmaliger Wiederholung der »Sehnsucht« gelangt das lyrische Ich schließlich zu den Bäumen.

Literatur: Binder 1976, S. 113-115; Caduff 2016, S. 52 f.

Welt

Textüberlieferung
- Handschrift *Saite und Sehnsucht*, S. [30], unter dem Titel »Glück«.
- *Die Insel*, Jg. I/2, Nr. 4 (Jan. 1900), S. 67, unter dem Titel »Glück« und in zwei Strophen gegliedert.
- *Gedichte* (1909), S. 12.
- *Gedichte* (1919), S. 12, in zwei Strophen gegliedert.

Das formal und inhaltlich zentrale Motiv dieses Gedichts ist die Bewegung. Der erste Teil (V. 1-6) entwirft eine »Welt«, in deren »Kommen und [...] Gehen« sich weitere »tiefe Welten« bilden, die sich gegenseitig durchdringen. Der zweite Teil (V. 7-12) beginnt mit einer »Bewegung des Verschwindens« (Binder 1976, S. 77) und lässt ein lyrisches Ich auftreten, das sich bemerkenswerterweise selbst als eine Welt in der Welt versteht (V. 12).

Literatur: Binder 1976, S. 76-83; Baier 2004, S. 13; Gronau 2004, S. 35 f.; Thüring 2014, S. 151-162.

Helle

Textüberlieferung
- *Sonntagsblatt des Bund*, Nr. 19, 8. 5. 1898, S. 149.
- *Gedichte* (1909), S. 13.
- *Gedichte* (1919), S. 13, gegliedert in zwei Strophen.

In seiner Rezension will Josef Viktor Widmann in *Helle* das »vollkommenste Gedicht« erkannt haben, das »von tiefem Naturgefühl eingegeb[en]« sei (Widmann 1909, S. 95). Gegenüber dieser vor allem in der ersten Rezeptionsphase verbreiteten Interpretation von Walsers Gedichten als Natur-

lyrik lässt sich mit der späteren Rezeption die Wahrnehmung des Wetter- und Stimmungswechsels durch die Vergleiche »konditioniert« sehen (Binder 1976, S. 23): Die romantische »blasse Nonne«, der Schopenhauer'sche und Nietzsche'sche »groß[e] Wille« und die technischen »Raketen« können als Referenzen betrachtet werden, die das »Wunder« der Natur als vielfach vermittelt und das Pathos als ironisch gebrochen erscheinen lassen.
Literatur: Caduff 2016, S. 40.

Wiegen

Textüberlieferung
- Handschrift *Saite und Sehnsucht*, S. [50].
- *Die Insel*, Jg. I/1, Nr. 1 (Okt. 1899), S. 118.
- *Gedichte* (1909), S. 14.
- *Gedichte* (1919), S. 14.

Das regelmäßig gebaute Gedicht nimmt die titelgebende Bewegung des Wiegens auf.

Brausen

Textüberlieferung
- *Die Opale*, Halbbd. 1, T. 1 (Jan. 1907), S. 8, unter dem Titel »Kein Halt«.
- *Gedichte* (1909), S. 14.
- *Gedichte* (1919), S. 14, gegliedert in vier Strophen von dreimal vier und dann zwei Versen.

Das Gedicht stellt ein »überindividuelles Liebesbrausen« (Allemann 2009, S. 23) aus der Sicht eines lyrischen Ich dar. Gleich dem Ich kann sich auch das in der zweiten Strophe angesprochene Du der Wirkung des Liebesbrausens nicht entziehen. Indem das Lieben »das Ich und Du ohne ihr Zutun betrifft« (Binder 1976, S. 66) und die Betroffenen ungeachtet charakterlicher oder körperlicher Mängel gleich behandelt, nivelliert es Individualitäten, so dass sich das Ich in der letzten Zeile in ein kollektives »wir« einfindet.

13-14 *weiß … heiß]* Dieses Reimpaar findet sich auch im Gedicht *Morgenstern* (V. 13 und 16).

Literatur: Binder 1976, S. 61-67; Allemann 2009, S. 22f.

Nicht?

Textüberlieferung
- *Gedichte* (1909), S. 15.
- *Gedichte* (1919), S. 15.

In der ersten Strophe beschäftigt sich das lyrische Ich in der Abgeschiedenheit eines Zimmers mit seiner Schuldhaftigkeit. Seine Bedrückung ist stärker ausgeprägt als in vergleichbaren Gedichten (*Im Bureau*, *Wie immer* oder *Sünde*). In der zweiten Strophe wird die Erlösungsfrage formuliert, mit dem Sonnenmotiv verknüpft (vgl. *Wintersonne*) und vom Einzelnen auf die Gemeinschaft der Armen übertragen. Die ›Armen‹ tauchen immer wieder auf (vgl. *Im Bureau*, *Weiter*, *Ein Landschäftchen*, *Weinenden Herzens*, *Und ging* sowie *Stunde*), was in der zeitgenössischen Lyrik vor allem bei Arno Holz, dort aber naturalistisch ausgeformt, anzutreffen ist, während die Armut bei Walser zwischen materieller, psychischer und sozialer Armut schwankt.

Literatur: Binder 1976, S. 36-39.

Wie immer

Textüberlieferung
- *Sonntagsblatt des Bund*, Nr. 19, 8. 5. 1898, S. 149, unter dem Titel »Kein Ausweg«.
- *Gedichte* (1909), S. 16.
- *Gedichte* (1919), S. 16.

Die erste Strophe benennt als »Bestandsaufnahme« (Binder 1976, S. 98) einen abgeschlossenen Raum, darin befindliche Objekte, ein lyrisches Ich, das sich ebenfalls im Raum aufhält, und zuletzt die vom Ich empfundene »Sehnsucht«, wobei sich für das Ich durchaus eine Art »Gleichordnung mit den Ausstattungsstücken« (Binder 1976, S. 99) ausmachen lässt. Durch den wiederholten Hinweis, dass Ich, Lampe und Tisch »noch« im Zimmer seien, erhält das Gedicht eine explizit zeitliche Komponente.

Die »Sehnsucht« zeigt den Wunsch nach einem Außerhalb des Zimmers an. Die »Feigheit« und »Lüge« in der zweiten Strophe scheinen die Versuche einer Veränderung der Umstände zu vereiteln. Das Gedicht schließt mit dem Status quo, der durch die identische Wiederholung von V. 3 in V. 10 zusätzlichen Nachdruck erhält. Dazu stehen die gezielten Unregelmäßigkeiten in Metrum, Reim und Rhythmus, die gerade nicht »wie immer« sind, in einer gewissen Spannung.

Literatur: Binder 1976, S. 96-101; Allemann 2009, S. 31f.

Tiefer Winter

Textüberlieferung
- *Gedichte* (1909), S. 16.
- *Gedichte* (1919), S. 16.

Der Winter zeichnet sich in diesem Gedicht durch die Abwesenheit von Bewegung aus, verdichtet in den »Fensterblumen« als »erstarrte[m] Sinn«.

1-3 *Fensterscheiben … Blumen]* Eisblumen, symmetrische Muster an der Fensterinnenseite, die von angefrorenem Kondenswasser stammen.

5 *ein Garten, die Welt]* Bezug auf die sinnbildliche Gleichsetzung von Garten und Welt, hier allerdings nicht auf der Basis des Gartens als eines ›locus amoenus‹.

11 *weint der Mond]* Vgl. zur Verbindung von Mond und Schmerz *Im Bureau* und *Drückendes Licht.*

Literatur: Binder 1976, S. 116-122.

Schnee

Textüberlieferung
- Handschrift *Saite und Sehnsucht*, S. [15], unter dem Titel »Schneien«.
- *Die Insel*, Jg. I/3, Nr. 9 (Juni 1900), S. 357f., gegliedert in vier Strophen von je vier Kurzversen.
- *Gedichte* (1909), S. 16.
- *Gedichte* (1919), S. 16.

Die scheinbar endlose Bewegung des Schneefalls wird durch Wiederholungen eingefangen. Das Motiv des dichten Schneetreibens, in dem das Individuum gleichermaßen verloren und aufgehoben ist, durchzieht Walsers Werk (vgl. Gigerl/Knüsel/Sorg 2007). Die Illustration zu diesem Gedicht wurde hier ausnahmsweise in den Text, zwischen die erste und die zweite Strophe, gesetzt; vgl. Abbildungen, S. 117.

Literatur: Gronau 2006, S. 147f.

Angst

Textüberlieferung
- *Gedichte* (1909), S. 18.
- *Gedichte* (1919), S. 18.

Das Gedicht reiht drastische Wünsche in einer schnellen Steigerung und gipfelt in Angst und Schmerz. Voraus gehen die Empfindung wiederholten Schauers sowie die Beschädigung von Herz und Verstand.

Schäferstunde

Textüberlieferung

- *Die Opale*, Halbbd. 1, T. 1 (Jan. 1907), S. 8f., gegliedert in fünf Strophen.
- *Gedichte* (1909), S. 18f.
- *Gedichte* (1919), S. 18f.

Der Gedichttext enttäuscht die vom Titel geweckte Erwartung einer Liebesbegegnung in der Tradition der Schäferdichtung und bearbeitet den ›locus amoenus‹ im Horizont des Zeitthemas. Die äußere, chronologische Zeit tritt zurück zugunsten der inneren, kairotischen Zeit (vgl. Nachwort, S. 84f.). Dies verbindet das Gedicht mit *Langezeit*, *Stunde* und *Gelassenheit*.

20 *da keine Zeit die Zeit mir mißt]* Im Erstdruck stattdessen: da keine Zeit die Zeit mehr mißt. – Die Ersetzung akzentuiert die auch in den anderen Zeit-Gedichten thematisierte Spannung zwischen subjektiver und objektiver Zeit (vgl. Nachwort, S. 84f.).

Literatur: Binder 1976, S. 109-113; Fischer 1987, S. 75f.

Heimkehr

Textüberlieferung

- Handschrift *Saite und Sehnsucht*, S. [40].
- *Gedichte* (1909), S. 20.
- *Gedichte* (1919), S. 20.

Die Einsicht, dass innere Gefühlsregungen durch die Sprache nicht adäquat geäußert werden können (V. 4-6), führt in diesem Gedicht zu schamvollem Erröten (V. 8). Walter Benjamin wird später in Bezug auf Walser von einer »bäurische[n] Sprachscham« sprechen (Benjamin 1929/1991, S. 326).

2-3 *auf meiner Lippe … mein Herz]* Vgl. Cordelias Klage in William Shakespeares *King Lear*, I,1: »Ich Unglücksel'ge, ich kann nicht mein Herz \ auf meine Lippen heben« (vgl. dazu Allemann 2009, S. 27).

17 *wüste Sprach]* Vgl. schweizerdeutsch, »Sprach« oder »Sproch«, ohne Endungs-E, sowie »wüest«, ›hässlich‹.

Literatur: Binder 1976, S. 67-74; Gronau 2006, S. 148; Allemann 2009, S. 26f.

Stille

Textüberlieferung

- Handschrift *Saite und Sehnsucht*, S. [14], unter dem Titel »Die Stille«, gegliedert in zwei Strophen von sechs Versen.
- *Die Insel*, Jg. I/3, Nr. 9 (Juni 1900), S. 356, unter dem Titel *Die Stille*, gegliedert in zwei Strophen von sechs Versen.
- *Gedichte* (1909), S. 20.
- *Gedichte* (1919), S. 20.

In diesem Gedicht äußert das lyrische Ich im Konjunktiv die Sehnsucht nach innerer Ruhe und Zufriedenheit. Es bleibt offen, ob dieser Zustand erreichbar ist. Der Binnenreim »Ende fände«, mit dem das Gedicht schließt, eröffnet verschiedene Deutungsmöglichkeiten.

Weiter

Textüberlieferung

- *Gedichte* (1909), S. 21f.
- *Gedichte* (1919), S. 21f.

Die Bewegung des Ich, die durch den Widerstreit »zwischen Wille und Trieb« beherrscht wird (Binder 1976, S. 124), erscheint als ein ewiger Wechsel von Gehen (Trieb) und Stillstehen (Wille). Zu diesem Eindruck tragen die vielen Wiederholungen und der offene Schluss bei. Während die Naturelemente Baum und Wiese die Aufmerksamkeit nicht zu binden vermögen, wecken die Hausgruppe und das Einzelhäuschen das Interesse.

Der Grund für das Interesse an den Häusern liegt in deren Ärmlichkeit. Die Armutsthematik lässt sich auch in anderen Gedichten der Sammlung beobachten (vgl. *Im Bureau*, *Nicht?*, *Ein Landschäftchen*, *Weinenden Herzens*, *Und ging*, *Stunde*). Ob die Gemeinschaft der Armen dem Bindungslosen als eine mögliche Heimat erscheinen kann (vgl. Binder 1976, S. 125), lässt sich allein im Kontext des vorliegenden Gedichts nicht entscheiden. Karl Walsers Illustration legt eine alternative Interpretationsspur, indem sie auf dem Balkon des Hauses eine Frauenfigur als Objekt der Neugier oder der Neigung zeigt (vgl. Nachwort, S. 88f.).

Literatur: Binder 1976, S. 122-126.

Sünde

Textüberlieferung
- Handschrift *Saite und Sehnsucht*, S. [39].
- *Gedichte* (1909), S. 21f.
- *Gedichte* (1919), S. 21f., in zwei Strophen gegliedert.

Die Konventionalität der Gedichtform, die exklusive Wortwahl (»Wiesengründe«, V. 3, »Getäfel«, V. 9) und die Moralbegriffe (»Sünde«, V. 6, »Frevel«, V. 12) erinnern an gewisse Gedichte, die im 19. Jahrhundert lyrische Ausdrucksweisen popularisiert und zugleich inhaltlich entleert haben. Trotz der moralischen Wertung bleiben die eigentlichen Abgründe der Lebensferne unausgesprochen.

Im Mondschein

Textüberlieferung
- *Die Opale*, Halbbd. I, T. 1 (Jan. 1907), S. 6.
- *Gedichte* (1909), S. 23.
- *Gedichte* (1919), S. 23.

Der titelgebende Mond wird im weiteren Wortlaut dieses Gedichts nicht explizit erwähnt. Allerdings evozieren Ausdrücke wie »durchdringen« (V. 6) oder »scharf« (V. 7) das Bild eines Schneidens oder Stechens. Diese Assoziation lässt sich wiederum auf die eindrückliche metaphorische Prädikation beziehen: »Der Mond ist die Wunde der Nacht« (*Im Bureau*, V. 11). Im vorliegenden Gedicht wird die Schneidemetapher jedoch auf den Klang der Handharfe angewendet.

5 *Handharfe]* Zupfinstrument, »Lyra«, als konventionelles Attribut des Dichters in bildlichen und literarischen Darstellungen verwendet. – Vgl. zur Verbindung von Harfe und Nacht Walsers Prosatext *Der Dichter* (*Kleine Dichtungen*) und dort die folgende Stelle: »Oft durchdrang die Nacht der seelenvolle Ton einer Handharfe, von irgendeinem armen Manne gespielt. Da konnte ich lauschen, lauschen«.

Ein Landschäftchen

Textüberlieferung
- *Sonntagsblatt des Bund*, Nr. 19, 8. 5. 1898, S. 149.
- Handschrift: *Ein Landschäftchen* (SUB HH: DA Br. W44/12), 1902.
- *Gedichte* (1909), S. 24.
- *Gedichte* (1919), S. 24.

Robert Walser betrachtete im Rückblick *Ein Landschäftchen* als die eigentliche Geburtsstunde seiner Lyrik (vgl. BA 1, Nr. 353). Der Prosatext *Das erste Gedicht* (1919) schildert einerseits die quasireligiöse Stimmung der Inspiration und andererseits die praktische Verfertigung des Gedichts: »In der Nähe zitterte ein Blatt im Wind. Er nahm es in sein Gedicht auf; ebenso einen strubligen Baum; ebenso ein Häufchen Schnee, das in einem Graben lag«. Während die frühe Rezeption das Gedicht dem »innige[n] Naturgefühl« entspringen sieht (Bücherfreunde 1910, S. 19), versteht man es später als »›gegennatürliche[s] Schauen‹«, das die Entstehung des Gedichts gleichsam analytisch vorführt. Anstatt in der romantischen »Ein- und Allheit von Welt und Ich« aufzugehen (Baier 2004, S. 11f.), steht das lyrische Ich genauso naturverlassen in der Landschaft wie die »viele[n] armen Teufel« (V. 10), während sich die »Engel« der Inspiration (V. 12) abwenden.

Literatur: Binder 1976, S. 14-22; Kellenberger 1981, S. 73-78; Baier 2004, S. 11f.

Weinenden Herzens

Textüberlieferung

- *Gedichte* (1909), S. 25f.
- *Gedichte* (1919), S. 25f.

Die Auseinandersetzung mit Jesus erfolgt durch eine Transposition in die Gegenwart des lyrischen Ich und hin zu aktuellen sozialen Fragen. Sie führt zu einer Distanzierung gegenüber der Passionsgeschichte; vgl. den Gedichtanfang (»Ich fühle [...], wenn ich«) und den Gedichtschluss (»[die] Armen, die ihm so weh getan haben *sollen*«). Die Anrufung Jesu erhält allerdings eine geradezu frivole Note durch den unreinen Reim von »Jesus« und »Kuß« (V. 2 und 4) und den Komik erzeugenden Binnenreim »gelbe \ helle Haarwelle« (V. 25f.).

Themenverwandte Texte: *Jesus* (1916), *Unerklärlicher* (1925).

Literatur: Binder 1976, S. 39; Rippmann 1983, S. 68; Fischer 1987, S. 72-74; Allemann 2009, S. 29f.

Am Fenster

Textüberlieferung

- *Sonntagsblatt des Bund*, Nr. 19, 8.5.1898, S. 150, unter dem Titel »Immer am Fenster«.
- *Gedichte* (1909), S. 26.
- *Gedichte* (1919), S. 26.

In der ersten Strophe dieses Gedichts wird der »Traum des Lächelns« eingeführt, in der dritten Strophe wird diese assoziationsreiche Genitivmetapher als »Traum des glücklichen Lächelns« aufgenommen. Das selig blinde Auge – exakt in der Mitte des Gedichts – macht einerseits die Fensterschau zur Innenschau. Anderseits legen die zärtlichen Hände (V. 10) und die frauenhafte Anthropomorphisierung der Farben nahe, die Glückseligkeit des lyrischen Ich als Wirkung blinder Liebe zu deuten.

0 *Am Fenster]* Im Erstdruck: Immer am Fenster. – Im Erstdruck liegt ein auffälliges Spannungsverhältnis zwischen den beiden das Gedicht eröffnenden und beschließenden Temporaladverbien (»immer« und »jetzt«) und der so artikulierten Gegenüberstellung von Dauer und Momenthaftigkeit vor.

15 *ich steh am Fenster jetzt]* Vgl. zu dieser Szene auch die Gedichte *Morgenstern* und *Tiefer Winter*.

Beiseit

Textüberlieferung

- *Wiener Rundschau*, Jg. 3, H. 18 (Aug. 1899), S. 423, unter dem Titel »Spruch«.
- *Gedichte* (1909), S. 27.
- *Gedichte* (1919), S. 27.

Ungewöhnlich ist der adjektivische Gebrauch von »beiseit«, was der Grund dafür sein könnte, warum im *Deutschen Almanach auf das Jahr 1907* »beiseit« durch »befreit« ersetzt wurde. Die Wendung kommt in Walsers Werk nur noch ein weiteres Mal vor, nämlich im Prosatext *Der Dichter* (*Kleine Dichtungen*, 1914), der als »poésie en prose« die Stimmung der frühen Gedichte aufleben lässt (vgl. Groddeck 2014, S. 47 f.). Die Verwendung des Wortes im Gedichttitel (statt »Spruch«) rückt den ungewöhnlichen Sprachgebrauch in den Vordergrund und behauptet dessen poetisches Recht, was sich als eine Reflexion über die Freiheit sprachlicher Ausdrucksmöglichkeiten interpretieren lässt.

Vor Schlafengehen

Textüberlieferung

- *Sonntagsblatt des Bund*, Nr. 19, 8. 5. 1898, S. 149.
- *Gedichte* (1909), S. 27.
- *Gedichte* (1919), S. 27.

In diesem kurzen Gedicht wird die nächtliche Befreiung der Sehnsüchte durch formale Umständlichkeit (Zeilenstil, elliptische Satzperioden, Inversion der Wortfolge) als komplexer Vorgang dargestellt.

Zu philosophisch

Textüberlieferung

- *Wiener Rundschau*, Jg. 3, H. 18 (Aug. 1899), S. 422.
- *Gedichte* (1909), S. 28.
- *Gedichte* (1919), S. 28.

Bis in die Mitte dieses Gedichts halten sich »Sinken und Steigen« die Waage, dann dominieren Niedersinken (V. 8) und mithin ein fatalistischer Ton. In der dritten Strophe tritt das Ich als sein eigener Richter auf. In den letzten Versen scheint eine Art Strafurteil formuliert zu werden, das durch ein »wohl« (V. 10) leicht abgeschwächt wird. So lässt sich auch der Gedichttitel durchaus als »vermutlich ironisch« (Gronau 2004, S. 135) verstehen.

10 *wohl niemals recht gewesen]* Im Erstdruck absoluter formuliert: Doch niemals recht gewesen

Literatur: Binder 1976, S. 83-89; Gronau 2006, S. 145-147; Gronau 2004, S. 135f.

Knabenliebe

Textüberlieferung

- Handschrift *Saite und Sehnsucht*, S. [41], unter dem Titel *Bubenliebe.*
- *Gedichte* (1909), S. 28f.
- *Gedichte* (1919), S. 28f.

Die geschilderte Szene lehnt sich an den Topos des hochmittelalterlichen Minnedienstes an, wonach der Dichter die sozial höher gestellte Dame besingt. Die Konstellation von Page und Dame findet sich in mehreren Texten Walsers, vgl. unten, Themenverwandte Texte. Der romantische Kontext ist auf Stichworte reduziert, auch fehlt das soziale Gefälle. Die »treue Lieb'« (V. 5) des Knaben zum ›angesungenen‹ Mädchen entzündet sich ebenso zufällig, wie dieses zufällig vorbeizukommen scheint. Die Endlosigkeit des Liebesliedes (V. 12-13) ironisiert das Begehren, denn die Liebe stirbt nach der Flucht des Mädchens. Übrig bleibt die schon zuvor dagewesene »Sehnsucht« (V. 15), die unbestimmt, endlos und uneinholbar durch eine konkrete Liebe erscheint.

0 *Knabenliebe]* In *Saite und Sehnsucht*: Bubenliebe. Die Ersetzung dürfte wegen semantischer Differenzen von »Bube« im Schweizerdeutschen und im Standardhochdeutschen erfolgt sein.

20 *Liebeston.]* In *Saite und Sehnsucht* danach eine Art Coda mit einem Erzählerkommentar: Wer ist der junge Mensch, der sang? \ Ich kenne ihn; er ist ein Schelm \ Er trägt gern kleine Lieder vor \ und kniet vor kleinen Mädchen gern.

Themenverwandte Texte: *Die Knaben* (1902), *Aus der Phantasie*

(*Fritz Kocher's Aufsätze,* Erstdruck: 1902), *Simon. Eine Liebesgeschichte* (*Geschichten,* Erstdruck: 1904).
Literatur: Binder 1976, S. 47-61.

Enttäuschung vergißt man nie …

Textüberlieferung
- Albumblatt-Handschrift (NMB), 1904; vgl. unten.
- *Gedichte* (1909), S. 30.
- *Gedichte* (1919), S. 30.

Dieses Gedicht, das als einziges der Sammlung keinen Titel trägt (im Inhaltsverzeichnis jedoch als »Enttäuschung« aufgeführt ist), lässt sich auch als Fortsetzung des vorangehenden Gedichts *Knabenliebe* lesen: Die Enttäuschung würde sich auf den dort dargestellten Misserfolg beim sehnsüchtigen Beknien des schönen Mädchens beziehen.

Das Gedicht ist entstanden als ein Gelegenheitsgedicht, das Walser 1904 seiner Bekannten Flora Ackeret in Form eines Albumblattes widmete (vgl. BA 1, Nr. 101).

Drückendes Licht

Textüberlieferung
- *Freistatt,* Nr. 51, 17. 12. 1904, S. 1019, ohne Strophengliederung.
- *Gedichte* (1909), S. 31f.
- *Gedichte* (1919), S. 31f.

Dieses Gedicht lässt sich als eine Variation auf das Thema der Schneelandschaft begreifen (vgl. *Morgenstern, Tiefer Winter* und *Am Fenster*). In *Drückendes Licht* wird auf die Fensterschau verzichtet und stattdessen ein Standpunkt in der Schneelandschaft eingenommen (vgl. das Adverb »hier«, V. 13).

15 *Der Himmel, müde des Lichts, \ hat alles dem Schnee gegeben.]* Beschreibung des Eindunkelns und der anschließenden Reflexion des Mondlichts auf dem Schnee.

Literatur: Gronau 2006, S. 149.

Leicht gesagt

Textüberlieferung
– *Wiener Rundschau*, Jg. 3, H. 18 (Aug. 1899), S. 423.
– Gedichte, 1909, S. 32.
– Gedichte, 1919, S. 32.

Leicht gesagt ist ein Zeit-Gedicht, in dem sich das lyrische Ich gegen die drückende Dehnung und Wiederholung des Immergleichen – die auch den »Himmel« und das »Sehnen« (V. 2) als Topoi der romantischen Unendlichkeit entleeren – zu behaupten vermag. Das »fliegend[e] Erkennen« kann – poetologisch gedeutet – auf das Schreiben bezogen werden. Zu beachten ist allerdings die Ironie des Titels.

0 *Leicht gesagt]* Anspielung auf die Redewendung »Leichter gesagt als getan«.

Literatur: Binder 1976, S. 105-107.

Bangen

Textüberlieferung
– *Wiener Rundschau*, Jg. 3, H. 18 (Aug. 1899), S. 422, unter dem Titel »Enttäuschung«, gegliedert in drei Strophen von je vier Kurzversen.
– *Gedichte* (1909), S. 33.
– *Gedichte* (1919), S. 33.

Der im Gedicht beschriebene Zustand wird (in Entsprechung zum Titel des Erstdrucks) als Folge einer Enttäuschung lesbar. Dieser Gefühlszustand wird in eigentlicher Ausdrucksweise (»Nun ist mir bang«, V. 3), aber auch in metaphorischer Form beschrieben. Die Unruhe, die durch die elliptisch abgebrochenen Sätze zum Ausdruck kommt, wird durch die regelmäßig chiastisch angeordneten Binnenreime (»lang« – »Klang«, »süße« – »Grüße«, V. 1-2 u. a.) mit einem melancholischen Grundton unterlegt.

Seht ihr

Textüberlieferung
– *Gedichte* (1909), S. 34.
– *Gedichte* (1919), S. 34.

Dieses Gedicht lässt sich in zwei Hälften interpretieren (V. 1-6 und 7-11), die weitgehend auf denselben Bestandteilen beruhen. In der ersten Hälfte wird vom lyrischen Ich deutlich zum Ausdruck gebracht, dass es sich nach seinem Heim sehne, aber keine Hoffnung habe, dieses jemals erreichen zu können. In der zweiten Hälfte wird die Frage, was nun aus der Sehnsucht wird, auf ambivalente Weise behandelt. Zu dieser Ambivalenz tragen die Mehrdeutigkeit von Syntax, Interpunktion und Versgrenzen bei.

Und ging

Textüberlieferung
- *Wiener Rundschau*, Jg. 3, H. 18 (Aug. 1899), S. 422.
- *Gedichte* (1909), S. 34.
- *Gedichte* (1919), S. 34.

Jeder der fünf Zweizeiler, aus denen dieses Gedicht besteht, variiert den im Titel vorgegebenen Satz »Und ging« mit einem anderen Subjekt. Der »Wandersmann« (V. 2) und der »arm[e] Mann« (V. 10) bilden den Rahmen. In der Gesamtabfolge ergibt sich ein regelmäßiger Wechsel zwischen Personen und Personifikationen (der »rauh[e] Herbst«, V. 4, das »Herzeleid«, V. 8).

Literatur: Kellenberger 1981, S. 67-73.

Stunde

Textüberlieferung
- Handschrift *Saite und Sehnsucht*, S. [19], unter dem Titel »Die Stunde«.
- *Die Insel*, Jg. I/3, Nr. 9 (Juni 1900), S. 358, unter dem Titel »Die Stunde«.
- *Gedichte* (1909), S. 35.
- *Gedichte* (1919), S. 35.

Zur Interpretation des Gedichts unter dem Gesichtspunkt des Zeitthemas vgl. Nachwort, S. 84f.

Literatur: Binder 1976, S. 89f. und S. 92f.; Kellenberger 1981, S. 58-60.

Müdigkeit

Textüberlieferung
- *Wiener Rundschau*, Jg. 3, H. 18 (Aug. 1899), S. 423.
- *Gedichte* (1909), S. 36.
- *Gedichte* (1919), S. 36, in zwei Strophen gegliedert.

Das Gedicht behandelt, unter Verwendung der Motive von Müdigkeit und Schlaf, das romantische Thema der Weltabkehr. Vgl. dazu Adalbert Stifters gleichnamiges Gedicht *Müdigkeit*.

5-8 *Komm, … süßer Schlaf]* Das Motiv des süßen Schlafs ist weit verbreitet, vgl. z. B. *Der süße Schlaf* in der Sammlung *Des Knaben Wunderhorn* (1806). Zur Anrufung des Schlafes vgl. z. B. *Komm, süßer Schlaf* des im 19. Jahrhundert populären Dichters Wilhelm Hertz oder *Komm du süßer heiliger Schlaf* in der Sammlung *Lieder eines Menschen* (1894) von Ludwig Scharf.

Trug

Textüberlieferung

- *Wiener Rundschau*, Jg. 3, H. 18 (Aug. 1899), S. 423.
- *Gedichte* (1909), S. 37.
- *Gedichte* (1919), S. 37.

Das Gedicht behandelt, wie das ihm unmittelbar vorangehende, das Thema der Müdigkeit. Die Stimmung ist dunkel und düster, die Pointe resignativ. Die im Gedicht *Müdigkeit* begrüßte Entführung in den »heilige[n], süße[n] Schlaf« steht in *Trug* nicht mehr als Ausweg offen.

Gelassenheit

Textüberlieferung

- Handschrift *Saite und Sehnsucht*, S. [25], unter dem Titel »Beruhigung«.
- *Die Insel*, Jg. I/1, Nr. 1 (Okt. 1899), S. 119, unter dem Titel »Beruhigung.«, gegliedert in vier Strophen.
- *Gedichte* (1909), S. 37.
- *Gedichte* (1919), S. 37, gegliedert in zwei Strophen.

Das Schlussgedicht der Sammlung nimmt die Unterscheidung zwischen der objektiv messbaren und der subjektiv empfundenen Zeit auf, die im Widerstreit stehen (vgl. Nachwort, S. 84 f.). Im Gegensatz zu anderen Gedichten, in denen das Ich an der leer verfließenden und objektivierten Zeit leidet, scheint es sich hier im chronologischen Fluss treiben zu lassen und dabei ein neues Lebensgefühl gewinnen zu können. Ob die Gelassenheit als freudige, resignative oder gar ironisch-bittere zu deuten ist, lässt das Gedicht offen.

0 *Gelassenheit]* In *Saite und Sehnsucht*: Beruhigung. – Die Änderung legt einen Bezug auf das stoische Ideal der Seelenruhe nahe.

8 *Schulden]* Vgl. zum Motiv der Schuldgefühle auch das Gedicht *Nicht?* (S. 21).

Literatur: Binder 1976, S. 101-105; Kellenberger 1981, S. 62-67.

Nachwort

Werkprofil *Gedichte*

Mit der Sammlung *Gedichte* erscheint 1909 (und in zweiter Auflage 1919) im Bruno Cassirer-Verlag die einzige eigenständige Lyrikpublikation Robert Walsers. Sie umfasst vierzig seiner Gedichte und sechzehn Radierungen seines Bruders Karl Walser. Die meisten Gedichte waren bereits in Zeitungen oder Zeitschriften erschienen; zugleich repräsentiert der Band eine Auswahl aus den rund achtzig Gedichten, die in einer sehr produktiven frühen Schaffensphase in Zürich zwischen 1898 und 1900 entstanden sind.

Mit der unter dem Titel *Lyrische Erstlinge* veröffentlichten Auswahl von sechs Gedichten debütiert Walser 1898 im Berner *Sonntagsblatt des Bund* als Autor und wird im einleitenden Text von Josef Viktor Widmann der literarischen Öffentlichkeit als junges Naturtalent, das durch »wirklich neue Töne« begeistern könne, vorgestellt (Widmann 1898, S. 149). Mit der Veröffentlichung weiterer Gedichte kündigt ein Jahr später die Redaktion der *Wiener Rundschau* einen »von jeglicher Pose freien Dichter« an (*Wiener Rundschau* 1899, S. 422) und noch ein Jahr später erscheinen Gedichte Walsers bereits in der wichtigsten Zeitschrift der Münchner Moderne, *Die Insel.* Urwüchsige Naturbegabung, unverbildete Originalität und schlafwandlerische Stilsicherheit gehören von Anfang an zum Autorbild, das die Rezeption der Gedichte lange bestimmen wird und das Walser selbst bestätigt (vgl. S. 55-57 und 89 f.).

Der Band versammelt somit Gedichte aus einer frühen Schaffenszeit, die Walser ab 1902 während fünf Jahren vergeblich beim Insel-Verlag in Buchform zu veröffentlichen versucht. 1909 erscheinen sie schließlich im Verlag Bruno Cassirer, der schon die ersten beiden Romane Walsers (*Geschwister Tanner*, 1907, und *Der Gehülfe*, 1908) publiziert hatte, als blauer Quartband in bibliophiler Ausstattung. Die Gedichte sind unterschiedlich lang –

oft finden sich mehrere auf einer Seite, während einzelne über mehr als eine Seite gehen – und tragen auffallend kurze Titel: meist ein einzelner Begriff, mal eine kurze Wendung, mal eine Frage, allerdings meist ohne Fragezeichen. Sie wurden für die Buchpublikation nur geringfügig überarbeitet, in einzelnen Fällen wurden andere Titel gesetzt und neue Zeilenbrüche oder Strophen gebildet. Für die Auflage von 1919 wurden kleine sprachliche Anpassungen vorgenommen, wobei sich nicht rekonstruieren lässt, welchen Anteil Walser daran hatte. Während die *Gedichte* in die früheren Werkausgaben nach der zweiten Auflage aufgenommen wurden (vgl. etwa SW, Bd. 13, S. 7-29), werden sie in der vorliegenden Ausgabe nach der Erstauflage von 1909 ediert.

Die eingedruckten Originalradierungen, eine Titelillustration und fünfzehn weitere Illustrationen, sind unterschiedlich zum jeweiligen Text positioniert und beziehen sich meist direkt auf ein Gedicht; in einzelnen Fällen ist der inhaltliche Bezug lose und die Radierung steht stärker für sich selbst. Gleichwohl werden Gedicht und Zeichnung als ein »inniges Monogramm« (Korrodi 1919, S. 1) wahrgenommen und verbinden sich zu »emblemhaften Einheiten von größter Einprägsamkeit« (Müller/RWHb 2015, S. 287).

Der auch durch die Gestaltung beeindruckende Band wurde mehrheitlich positiv aufgenommen, wobei in den rund ein Dutzend Rezensionen verschiedentlich die Schwierigkeit zum Ausdruck kommt, Walsers Gedichte innerhalb der zeitgenössischen Lyrikproduktion zu verorten. Sie greifen konventionelle lyrische Formen auf, um sie zu unterlaufen, stehen zugleich in und außerhalb ihrer Zeit und entziehen sich bis heute einer eindeutigen literaturgeschichtlichen Einordnung (vgl. unten, S. 89-92).

Die Gedichte behandeln Themen und Motive, die Walsers gesamtes Werk durchziehen: Landschaftsbeschreibung und Naturwahrnehmung, Arbeit im Büro und dichterische Freiheit, Liebe und Rückzug, Zeitlichkeit (vgl. unten, S. 82-92) und Ruhe. An Motive der Romantik anknüpfend, Themen der Moderne aufgreifend und die tradierten Formen der Lyrik variierend, beziehen Walsers Gedichte ihre Kraft nicht aus der Übereinstimmung, sondern aus der Spannung zwischen Form und Inhalt. Sie sind durch eine »gewisse Freiheit der Form« gekennzeichnet, ohne »formlos« zu sein (Keckeis/RWHb 2015, S. 80). Mit den feinen Zwischentönen hat Walser bereits zu Beginn seiner Schriftstellerlaufbahn zu einer ganz eigenen lyrischen Ausdrucksform gefunden. Authentisches Rollenspiel und gespielte Naivität in seiner frühen Lyrik hat die Kritik von Anfang an als unmittelbaren Ausdruck eines empfindsamen und begabten Autodidakten unterschätzt – und damit wurde lange übersehen, wie kunstvoll und reflektiert diese Gedichte gearbeitet sind.

Gestaltete Zeit in Robert Walsers *Gedichten*

ZEIT-GEDICHTE In Robert Walsers einzigem zu Lebzeiten veröffentlichten Gedichtband manifestiert sich eine Art ›Zeitverschiebung‹: Er versammelt die um die Jahrhundertwende entstandenen ›lyrischen Erstlinge‹, erscheint aber erst 1909, als sich Walser in Berlin als Romanautor bereits einen Namen gemacht hat. Die Gedichte beschreiben Wahrnehmungen, Zustände und Stimmungen und umkreisen dabei eine Reihe von Motiven, die sich anhand der Gegensatzpaare von Natur und Kultur, Bewegung und Ruhe, Einsamkeit und Glück sowie Zeitlichkeit und Zeitlosigkeit gruppieren lassen. Dabei thematisieren auffällig viele das Phänomen Zeit und lassen sich daher als Zeit-Gedichte bezeichnen: Als solche können *Langezeit*, *Wie immer*, *Leicht gesagt*, *Stunde* und *Gelassenheit* gelten. Tages- oder Jahreszeiten thematisieren *Abend*, *Morgenstern*, *Gebet*, *Tiefer Winter*, *Schnee*, *Schäferstunde* und *Vor Schlafengehen*. Implizit und performativ spielt die Zeit auch in weiteren Gedichten eine wichtige Rolle, besonders in *Weiter* und in *Die Bäume*. Mit der Zeitlichkeit wird im Folgenden ein Motiv in den Blick genommen, das sich durch den ganzen Band verfolgen lässt. Der gewählte Fokus erlaubt es zudem, daran anschließend die Gestaltung von Zeit durch die (lyrische) Form und die ›Zeitgenossenschaft‹ von Walsers früher Lyrik zu beleuchten.

DIE SUCHE NACH DER ZEIT Walsers Gedichtband lässt sich als Versuch lesen, die Spannung zwischen einem Festhalten der vergehenden Zeit und einem Aufgehen in der aufgehobenen Zeit auszuloten. Dass diese beiden Zeiterfahrungen nur momenthaft und in dialektischer Entgegensetzung zueinander möglich sind, bestimmt den melancholischen Grundton der Sammlung, wird aber nicht in einer linearen Argumentation von Gedicht zu Gedicht entwickelt, sondern durch Iteration und Variation erkundet. Trotzdem lässt sich innerhalb dieser motivischen Konstellation gleichsam eine Dramaturgie der Suche nach der im genannten doppelten Sinn ›gestundeten Zeit‹ ausmachen.

Im ersten Gedicht, *Im Bureau*, wird das Wachsein in der Nacht oder – wie andere Gedichte veranschaulichen – etwas allgemeiner formuliert: das aktive, ›brausende‹ Leben (vgl. *Brausen*) der Müdigkeit, dem Schlaf und dem Traum entgegengesetzt. Die Gleichzeitigkeit der Erfahrung einer sich ausdehnenden Zeit und der Sehnsucht nach einer verlorenen Zeit bringt das zweite Gedicht mit der Doppelbedeutung von »Langezeit« auf den Punkt. Die Hoffnung auf eine Erlösung von der Müdigkeit durch den »heilige[n], süße[n] Schlaf« (*Müdigkeit*, V. 8) klingt geradezu leitmotivisch immer wieder an und kann sich ebenso allgemein auf das Tagewerk (*Gebet*) wie konkret auf politisches Engagement (*Warum auch*) beziehen. Die »Schäferstunde« wird in dem gleichnamigen Gedicht als ein Zustand der Ruhe beschrieben, in dem das »Wollen« und die »Sehnsucht« »aufgelöst« sind und in dem »keine Zeit die Zeit mir mißt« (*Schäferstunde*, V. 6, 8 und 20).

Diese Hoffnung auf eine ›Eigenzeit‹ äußert sich in verschiedenen Bereichen des menschlichen Wahrnehmens, Handelns und Fühlens, wird aber gegen Ende des Bandes zunehmend enttäuscht. Das mit *Enttäuschung vergißt man nie ...* einsetzende Quintett nimmt als einziges Gedicht ohne Titel eine exponierte Stellung innerhalb der Sammlung ein und lässt sich sowohl als Kommentar auf die Zurückweisung eines Liebenden im vorangehenden Gedicht *Knabenliebe* verstehen wie auch als übergeordnete Feststellung auf die einzelnen Gedichte der Sammlung beziehen. Tatsächlich kommt in den auf *Knabenliebe* folgenden Gedichten das Scheitern der Versuche zur Sprache, Zeitlichkeit in einen höheren Zustand des Seins zu überführen: in Form der unauslöschlichen Erinnerung (*Enttäuschung vergißt man nie ...*), der schwermütigen Leere (*Drückendes Licht*), der bangen Trauer (*Bangen*), der hoffnungslosen Angst (*Seht ihr*) und des endgültigen Vergehens (*Und ging*). Die dialektische Spannung des

(Er-)Lebens in und außerhalb der Zeit wird im letzten Gedicht in einer dem Titel entsprechenden Haltung der »Gelassenheit« aufgelöst. Die Gegensätze von Vergehen der Zeit und Aufgehen in der Zeit, die den Ausgangspunkt der *Gedichte* bilden, fallen hier in eins: Indem sich das lyrische Ich »der Zeit ergeben« hat, ist es sich seines Platzes in der Welt gewiss, auch wenn die Zeit vergeht: »Zeit ist Zeit, sie mag entschlafen, \ immer findet sie als braven \ Menschen mich am alten Ort« (*Gelassenheit*, V. 1, 10-12).

Chronos und Kairos Wie Zeit inhaltlich und formal gestaltet wird, soll im Folgenden beispielhaft an einem Gedicht veranschaulicht werden: *Stunde* trägt die Thematik bereits im Titel, der sich unmittelbar als Zeiteinheit verstehen und ein Zeit-Gedicht erwarten lässt. Der erste Vers (»Die Stunde kommt, die Stunde geht«) formuliert eine Antithese (kommen/gehen), meint aber auch das gleichförmige Fließen und zyklische Wiederkehren der Zeit. Damit wird das chronologische Maß einer objektiven, kosmisch oder mechanisch messbaren Zeit gesetzt. Doch das Gedicht erklärt oder definiert nicht, was eine Stunde ist, sondern legt dar, was sie tut und was in ihr geschieht. Die Stunde wird nicht begrifflich erklärt oder metaphorisch aufgeladen, sondern bloß metonymisch umspielt. Dabei wird all das, was innerhalb der Stunde geschieht und durch sie berührt wird, verzeitlicht, zugleich zerfällt die Einheit der Zeit in einzelne Empfindungen und Erscheinungen (vgl. Binder 1976, S. 92).

Das Gedicht schließt mit zwei Versen, in denen sich das Ich – mit einer romantischen Reminiszenz, dem sprachlos alles- und nichtssagenden »ach« (*Stunde*, V. 11) – als unsicher über den Ort seiner eigenen »Welt« (*Stunde*, V. 12) im Verhältnis zur allgemeinen Welt erklärt. Die Stunde verbindet sich hier mit der Welt und verräumlicht oder verortet sich dadurch. Die Frage nach dem Ort der Ich-Welt ist die Frage nach dem Potenzial des Ich, das in der Welt »ruht und schlummert« (*Stunde*, V. 12). Wird die verstärkende Zwillingsfigur »ruht und schlummert« ernst genommen, so scheint das Ich seine persönliche Welt erst der »nichtsahnend[en], nichtsbegehrend[en]« (*Stunde*, V. 10) Welt annähern und die antithetische Bewegung auslaufen lassen zu müssen, um ›seine eigene Stunde‹ zu finden. Das Gedicht vollzieht damit eine Reduktions- oder Regressionsbewegung, welche die romantische, nach Transzendenz der irdischen Zeit strebende Gefühlsdynamik in eine diesseitige Kraft der Verbindung von Ich und Welt zurückführt.

Das Pathos ist bereits im Wort ›Stunde‹ angelegt. Spätestens das »Beten oder Fluchen« (*Stunde*, V. 6) ruft religiöse Konnotationen auf, welche die Stunde an den herausgehobenen Moment heranrücken, den Kairos, der messianisch, das heißt als Zeit der Rettung und des Heils, gefärbt ist (vgl. Römerbrief 3,21-31). Gleich zu Beginn setzt das Gedicht der ausgedehnten Zeit des Chronos eine verdichtete Zeit entgegen, der objektiven, messbaren Zeit eine subjektive, empfundene Zeit, die als Kairos, als besonderer Augenblick, wahrgenommen und ergriffen werden kann.

In der zweiten Hälfte des 19. Jahrhunderts setzt mit der zweiten Industrialisierung eine vehemente Mechanisierung und Ökonomisierung der Zeit ein, die in den Studien von Frederick Winslow Taylor (1856-1915) ab den 1890er Jahren auch wissenschaftlich erforscht wurde und die in Schüben bis heute anhält. Die Zeitökonomisierung hat mit den Publikationsstrategien der Zeitungen und Zeitschriften, in denen unter Termindruck entstandene Tagesliteratur und Fortsetzungsgeschichten erscheinen, auch Schriftstellerexistenzen durchdrungen und nicht zuletzt viele Autoren des Realismus betroffen, etwa Gottfried Keller (1819-1890) oder Wilhelm Raabe (1831-1910). Henri Bergson (1859-1941) entwirft mit dem Begriff der Dauer (*durée*) eine schöpferische Philosophie und Poetik der inneren, das heißt im Gedächtnis verinnerlichten und erlebten Zeit. Das Widerspiel von Ökonomisierung und Vitalisierung der Zeit schreibt sich von Beginn an als Movens und Motiv in Walsers literarisches Schreiben ein.

FORMSPRACHE Der auf inhaltlicher Ebene festgestellte produktive Gegensatz zwischen einer normierten, festgefügten Einteilung von Zeit und deren Auflösung prägt Walsers frühe Lyrik auch in formaler Hinsicht. Die Gedichte werden von der Spannung zwischen festem Metrum und freiem Rhythmus, zwischen tradierten Formen des Reimschemas oder der Stropheneinteilung und deren spielerischer Überwindung zusammengehalten. In dem Gedicht *Stunde* steht das jambische Metrum bei manchen Hebungen in einer Spannung zur prosaischen Lesart, der Rhythmus wird gerade durch die Abweichung vom Metrum erzeugt. So wirkt die jambische Hebung von »der« in der Wendung »liegt der Gefühle Widerspiel« (*Stunde*, V. 3) erzwungen. In der anaphorisch wiederkehrenden Wendung »in einer Stunde« (*Stunde*, V. 2, 5 und 9) sind verschiedene Hebungen möglich: »in *ei*ner *Stun*de«, jambisch, oder mit drei Senkungen und einer Hebung auf »*Stun*de«. Im ersten Fall wird das chronologische Maß oder der chronologische Zeitpunkt betont, im zweiten Fall die Stunde als herausgehobener Moment.

Die eigenwillige Stropheneinteilung bzw. ihr Fehlen ist ein auffallendes Merkmal einer Vielzahl von Walsers frühen Gedichten. Das zwölfzeilige Gedicht *Stunde* beispielsweise ist strophenlos, ließe sich aber aufgrund der umarmenden Reime und der anaphorischen Wortwiederholungen in drei vierzeilige Strophen unterteilen. Durch eine solche Unterteilung würde das Gedicht als traditionelles Lied erscheinen. In anderen Fällen lässt sich beobachten, wie für die Ausgabe von 1909 Kurz- zu Langzeilen umgeformt werden. Ob es sich dabei um eine von Walser selbst oder vom Cassirer-Verlag bei der Textgestaltung vorgenommene Anpassung handelt, lässt sich nicht rekonstruieren. Im Gedicht *Bangen*, das 1899 zuerst in der *Wiener Rundschau* erschien, werden beispielsweise in der Buchfassung von 1909 Quartette zu Zweizeilern zusammengezogen. Durch die Bildung von Langzeilen werden die Reime verborgen, wodurch zeilenüberspringende Binnenreime entstehen:

Ich habe so lang,
Gewartet auf süße
Töne und Grüße –
Nur einen Klang.
(*Wiener Rundschau*, 1899)

Ich habe so lang, gewartet auf süße
Töne und Grüße, nur einen Klang.
(*Gedichte*, 1909)

Weiter zeichnen sich Walsers frühe Gedichte durch einen häufigen und raffinierten Einsatz des Enjambements aus. Tatsächlich unterscheiden weder der metrische Rhythmus noch die Länge einer Zeile noch die Übereinstimmung eines Verses mit einer syntaktischen Einheit eine lyrische Zeile von der Prosa. Vielmehr ist es gerade die Möglichkeit des Enjambements, das heißt des theoretisch beliebig in den Gang der Syntax eingefügten Zeilensprungs, welche Lyrik von Prosa zu differenzieren vermag (vgl. Agamben 2003, S. 21). Beliebig bedeutet jedoch nicht einfach nur zufällig, sondern nach Belieben der oder des Dichtenden; ebenso liegt es im Belieben der Lesenden, den Zeilensprung wahrzunehmen und als sinnfällig zu interpretieren.

Am markantesten ist die Handhabung des Enjambements wohl im ersten Gedicht der Sammlung. *Im Bureau* kann, ohne sich als Lyrik zu verraten, prosaisch gelesen werden. Formal führt diese Unbestimmtheit die ›Übergängigkeit‹ von Lyrik und Prosa vor, auf das Thema bezogen unterstreicht die Möglichkeit der prosaischen Lesart das Prosaische der Bürowelt, gegen die sich die Verse – etwa durch ein strophenübergreifendes Reimschema oder die romantische Motivik – doch behaupten wollen. Auf diese Weise wirft das Gedicht die Frage nach der Angemessenheit der Lyrik in Bezug auf die prosaische Welt auf und findet dafür zugleich eine angemessene lyrische Form.

Auffallende Wiederholungen von Ausdrücken und Versen kommen in vielen Gedichten vor. Manchen verleihen die Wiederholungen etwas Kinderliedhaftes (»Der Stern, der Stern«; *Morgenstern*, V. 5), mal wirken sie antreibend (*Weiter*), mal schleppend (*Wie immer*), mal mechanisch-monoton (*Ein Landschäftchen*). Es sind Elementar- oder Reduktionsformen der lyrischen Rhetorik, mit denen Walser die zeitgenössisch dominanten Strömungen des Symbolismus und des Naturalismus unterläuft. Wie die Wiederholungen gehören auch der punktuelle Bruch mit der rhetorischen Stilhöhe oder die Lakonie zu den Verfahren einer Ironisierung der lyrischen Konventionalität.

Text und Bild Auf die »brüderliche Harmonie« zwischen Robert Walsers Gedichten und den Illustrationen Karl Walsers hat bereits Eduard Korrodi hingewiesen (Korrodi 1919). Tatsächlich illustrieren die Zeichnungen den Text, wobei der Bezug unterschiedlich eng ist. Die meisten Illustrationen inszenieren den Standpunkt eines jungen Manns zwischen zwei Welten: Schreibstube und Mondnacht, Drinnen und Draußen, Volk und Natur, der Landschaft und ihrem Spiegelbild bzw. dem Schnee, dem Nebel oder dem Himmel, einem Zimmer und der im Teppich ausgemalten Traumwelt. Zwischen den beiden Sphären vermittelt meist der Blick der männlichen Figur. Das Nebeneinander von zwei Erfahrungswelten mit ihrer je eigenen Zeitlichkeit wird von Karl Walser so gleichsam verräumlicht. Gleichzeitig erweitert der simultane Einblick in zwei Welten die bloße Zweiteilung, indem so die Frage nach dem Standpunkt der Betrachterin bzw. des Betrachters aufgeworfen wird: Schaut man zugleich von außen auf den Mann oder mit diesem in die Welt? Man teilt den Blick des Prinzipals und fühlt zugleich mit, wie der Commis von diesem und dem Mond beobachtet wird. Die Zeichnungen integrieren unterschiedliche Binnen- und Außenperspektiven und veranschaulichen damit das Oszillieren des lyrischen Ich zwischen Wahrnehmung, Selbstreflexion und Wahrnehmungsreflexion. Diese Vermischung der Perspektiven wird im Gedicht *Zu philosophisch* in eine anschauliche sprachliche Metapher gefasst: »Stets seh ich mich mir winken, \ dem Winkenden entschweben« (*Zu philosophisch*, V. 3 f.).

In der Illustration zu *Weiter* ließe sich auch eine listige Interpretation des Gedichts entdecken, das vom Widerspiel von »Wille und Trieb« (Binder 1976, S. 124) bewegt zu werden scheint. Wenn das Ich bei einem bestimmten »armen Häuschen« stehen bleiben »möcht'« (*Weiter*, V. 11 und 13), so lässt sich das wie auch in anderen Gedichten (vgl. *Im Bureau*, *Nicht?*, *Ein Landschäftchen*, *Weinenden Herzens*, *Und ging*, *Stunde*) durch die Anziehung der Armut auf das lyrische Subjekt deuten, als Sehnsucht nach einer möglichen »Gemeinschaft« (Binder 1976, S. 125) für den Bindungslosen. Nicht richtig einpassen in diese Deutung lässt sich indes das einhellige Lachen und Lächeln des Ich, der Wiese und des Rauchs (vgl. *Weiter* V. 18-20). Die Radierung zu *Weiter* legt nahe, dass die Sehnsucht auch anderweitig motiviert sein könnte: Auf dem Balkon im Obergeschoss des Hauses, in senkrechter Linie über dem Vorbeigehenden, zeigt sich eine weibliche Gestalt. Mit scherzhafter Ironie verleiht die Illustration des Bruders dem unpersönlichen Trieb eine zusätzliche Nuance.

Ungewisse Zeitgenossenschaft Mit seinen Gedichten wird Robert Walser von Josef Viktor Widmann und Franz Blei in den Literaturbetrieb eingeführt und als unverbildetes Naturtalent angekündigt (vgl. oben, S. 55f. und 79). Die seit diesen ersten Rezeptionszeugnissen bis heute unternommenen Versuche, die Eigentümlichkeit von Robert Walsers Lyrik zu beschreiben, sind sich darin einig, diese in einem Grenzgang bzw. in einem Schwanken zwischen Natürlichkeit und Künstlichkeit, Tiefsinn und Unsinn, Ernst und Humor zu sehen, einem Grenzgang, der sich als eine der typischen Ambivalenz-Formen bezeichnen lässt (vgl. Lüscher 2019). Im Vergleich mit den zeitgenössischen Strömungen lässt sich diese Ambivalenz dahingehend präzisieren, dass Walsers Gedichte lyrisch unterdeterminiert sind. Unterdeterminiert in dem Sinne, dass viele Eigenschaften, die bis dahin als genuin lyrisch in einem ästhetisch anspruchsvollen Sinn galten, nicht vollständig erfüllt werden, dass also die *Gedichte* das Lyrische gewissermaßen unterlaufen, ohne es zu negieren.

Das Klischee vom jungen Genie, das – durch Lektüre- und Naturerfahrungen entflammt – zu dichten beginnt, findet sich auch bei Walser selbst. Im Prosatext *Die Gedichte* von 1919, der die Entstehungszeit der *Gedichte* ins Licht einer quasi religiösen Erweckung taucht, meint der Ich-Erzähler: »Wie ich zum Dichten kam, weiss ich selbst nicht recht. Ich las Gedichte, und da fiel mir ein, selber welche zu schreiben. Das gab sich, wie sich sonst etwas gibt.« Obwohl Walser selbst andere Texte als poetische Quelle nennt, ist bis heute nicht überzeugend herausgearbeitet worden, was er denn gelesen haben könnte und was ihn zum

Dichten brachte. Die Rezensionen haben denn auch die ›Eigentümlichkeit‹ von Walsers Lyrik darin gesehen, dass sie sich nicht in herrschende Traditionen und zeitgenössische Tendenzen einordnen lasse. An einem Beispiel soll aufgezeigt werden, dass durchaus konkrete intertextuelle Bezüge ausgemacht werden können, jedoch ohne dass sich daraus die literaturhistorische Stellung von Walsers früher Lyrik eindeutig ableiten ließe.

Im Eingangsgedicht *Im Bureau* wird mit dem Mond das romantische Motiv par excellence aufgerufen, hier als Zugang zum »inneren Freiheitsraum der Phantasie« (Stiemer 2013, S. 68). Das Mond-Motiv lässt sich konkret auf Goethes *An den Mond* beziehen, als Vorbild, das von Walser überschrieben werde (vgl. Caduff 2016, S. 32-34), sowie auf Albert Girauds *Pierrot Lunaire*, wodurch es als produktive Auseinandersetzung mit dem Symbolismus lesbar werde (vgl. Keckeis 2018, S. 88f.), oder auch auf die »Eingebungen des Mondes« in Hans Christian Andersens *Bilderbuch ohne Bilder* (Strinz 2019, S. 53f.). Der blutende Mond findet sich in der biblischen Apokalypse (Offenbarung 6,12) oder in Georg Büchners *Woyzeck* wieder (»Der Mond ist ein blutig Eisen«, vgl. Gronau 2006, S. 142f.). Indes liefert Walser selbst einen konkreten Hinweis: »Die ›Gedichte‹ sind durch chinesische Lyrik (Litai Pe) einigermaßen beeinflußt. Richard Dehmel, den ich damals eifrig las, brachte bekanntlich einige Uebersetzungen von chinesischen Gedichten. Sie könnten dies sagen!« (BA 1, Nr. 363)

Bei dem bisher nicht identifizierten chinesischen Einfluss dürfte es sich – neben anderen möglichen Referenzen – um das von Richard Dehmel nachgedichtete Gedicht *Auf der Reise* von Li Tai-Po handeln, das 1893 in dem vor allem Gedichte versammelnden Band *Aber die Liebe* erschienen ist:

Auf der Reise.
Nach Li-tai-po.

Vor meinem Lager liegt der helle
Mondschein auf der Diele;
mir war, als fiele

auf die Schwelle
das Frühlicht schon,
mein Auge zweifelt noch.

Und ich hebe mein Haupt und sehe,
sehe den hellen Mond
in seiner Höhe
glänzen. Und ich senke,
senke mein Haupt – und denke
an meine Heimat …

(Dehmel 1893, S. 86)

Walser greift die melancholische Szene eines bei Mondlicht nachdenkenden Ich des chinesischen Lyrikers Li Tai-Po (Li Bai) aus dem 8. Jahrhundert, aber auch die schlichte Form und lakonische Sprache von Dehmels Nachdichtung auf und partizipiert damit an der Faszination für chinesische Lyrik um die Jahrhundertwende. Ab den 1890er-Jahren fand sie durch die Nachdichtungen von Otto Julius Bierbaum, Richard Dehmel, Arno Holz oder Alfred Ehrenstein viel Beachtung, wobei es gerade Dehmel nicht primär um die Übertragung klassischer Texte ging, sondern darum, durch die Nachdichtung neue Gestaltungsmöglichkeiten für die Lyrik zu erschließen (vgl. Klawitter 2015, S. 271-275). Li Tai-Pos Mondscheinszene wird bei Walser ins moderne Büro transponiert. Durch den »Blick des Prinzipals« (*Im Bureau*, V. 10), der dem Setting einen Beobachter hinzufügt, wird *Im Bureau* zudem um eine selbstreflexive Ebene erweitert, die über die Dehmel'sche bzw. Li Tai-Po'sche Vorlage hinausweist.

»Mangel« und Experiment Die Aussage »Mangel ist mein Geschick« (*Im Bureau*, V. 8) im Eröffnungsgedicht des Bandes ist jüngst als poetologisches Programm gelesen worden, als »subversive[r] Versuch«, den Mangel als Geschick zu bejahen (Caduff 2016, S. 29-34). Demgegenüber ließe sich eine andere Lesart als ›Geschicktheit oder Geschicklichkeit im Erzeugen von Mangel‹ entwickeln und zu einer weiter reichenden Programmatik radikalisieren. Diese bestünde im konsequenten Umgehen oder Brechen von poetischer Konventionalität, nicht nur was formale Aspekte anbelangt, sondern auch in Bezug auf Inter- und Kontexte bis hin zu konkreteren Realien, Ereignissen und Erlebnissen. Die Programmatik läge also im Bestreben, Gedichte zu schreiben, die zwar wie Gedichte erscheinen, aber auf keinen Fall wie andere Gedichte klingen. Peter Gronaus Bemerkung, dass Walsers frühe Lyrik »sondierenden Charakter« in Bezug auf das literarisch Mögliche habe (Gronau 2006, S. 141), lässt sich sogar noch zuspitzen: Walsers frühe Lyrik hat entschieden experimentellen Charakter. Der agrammatikalische Gebrauch des Adverbs »beiseite« als Adjektiv (*Beiseit*) zeigt, dass Walser die Grenzen der Sprachlichkeit auszuloten bereit ist (vgl. Groddeck 2014, S. 42). Urs Allemann wiederum hat in Bezug auf die ›Da-da-Lautlichkeit‹ des Lampen-Gedichts *Wie immer* Walser als Erfinder des Lautgedichts gefeiert (vgl. Allemann 2009, S. 31f.).

Auch diese Beobachtung lässt sich in die fast programmatische Tendenz einordnen, die konventionelle Poetizität in allen Belangen zurückzunehmen und zu unterlaufen. Indem Walsers Gedichte die herkömmlichen Erwartungen an ein Gedicht teilweise erfüllen und zugleich immer auch enttäuschen, stehen sie konsequent in einem ambivalenten Verhältnis zur zeitgenössischen Lyrik und bewegen sich gleichermaßen inner- und außerhalb ihrer Zeit. Nicht zuletzt deswegen bleibt die Beschäftigung mit Robert Walsers Lyrik ebenso herausfordernd wie reizvoll.

Anhang

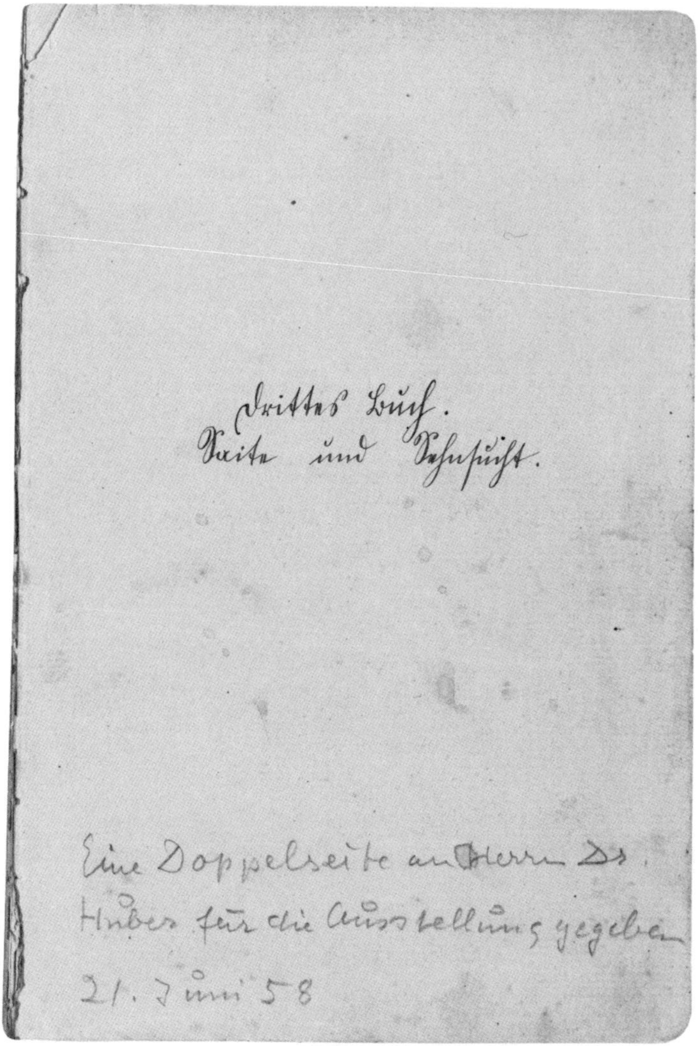

Abb. 1: Gedichtsammlung *Saite und Sehnsucht*, undatiert
(RWZ: RW MSG-74), Titelblatt

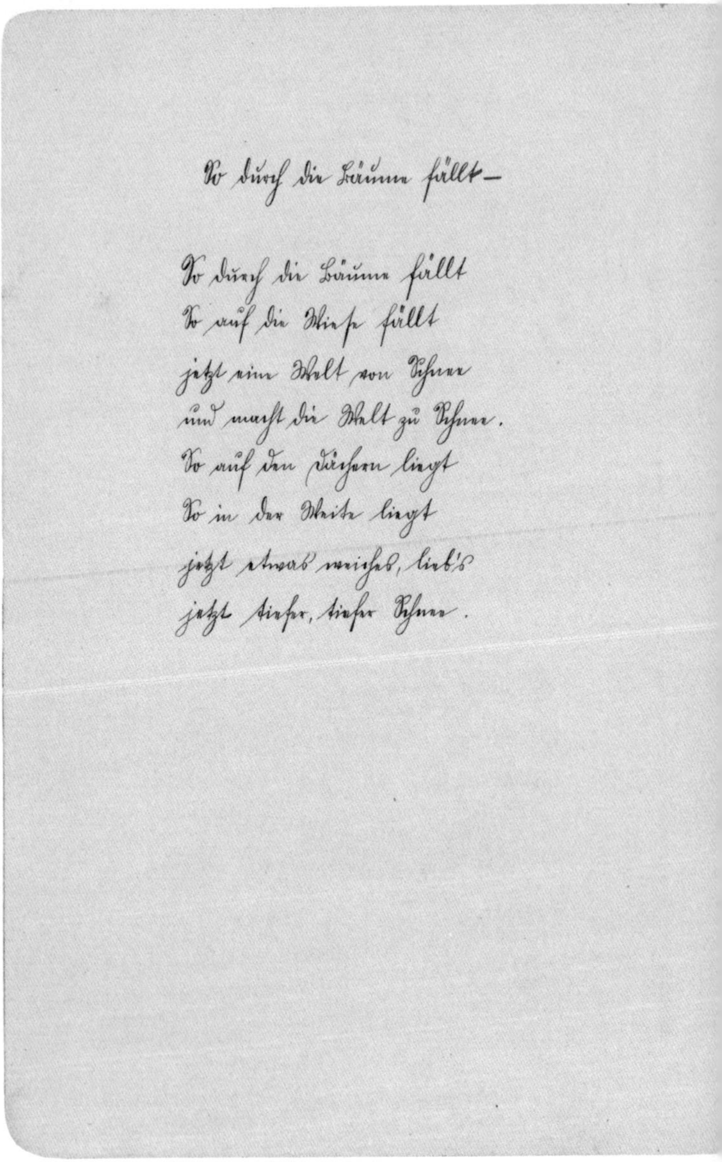
So durch die Bäume fällt –

So durch die Bäume fällt
So auf die Wiese fällt
jetzt eine Welt von Schnee
und macht die Welt zu Schnee.
So auf den Dächern liegt
So in der Weite liegt
jetzt etwas weiches, lieb's
jetzt tiefer, tiefer Schnee.

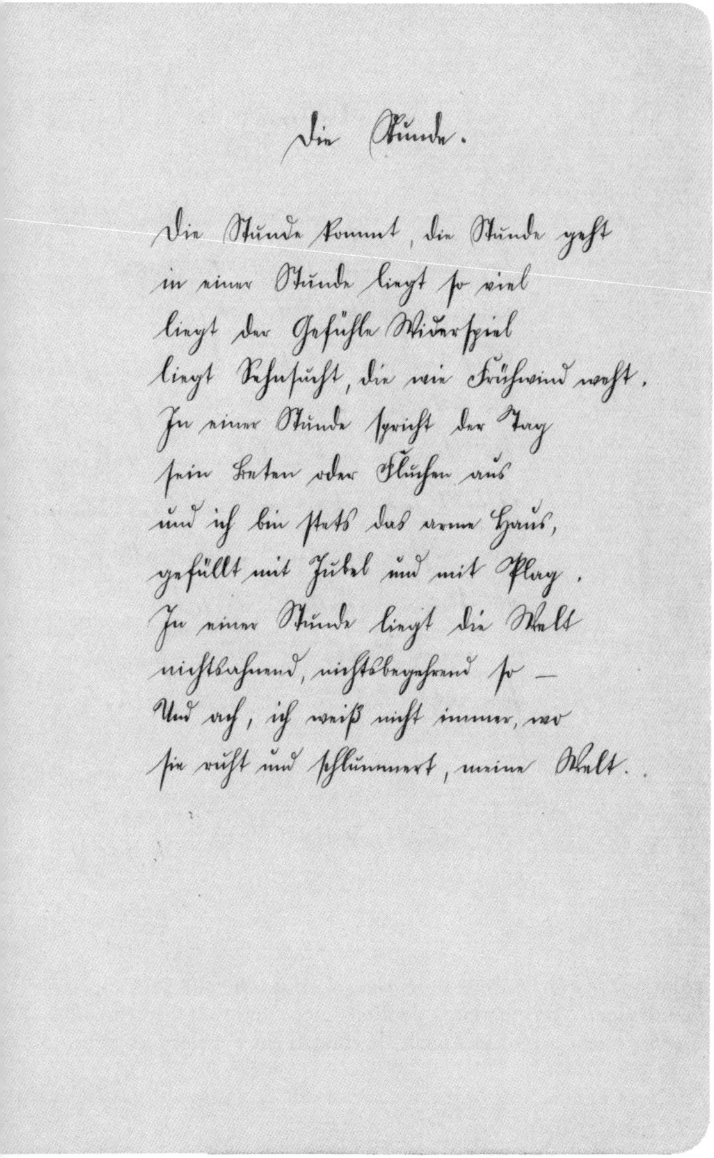

Die Stunde.

Die Stunde kommt, die Stunde geht
in einer Stunde liegt so viel
liegt der Gefühle Würfelspiel
liegt Sehnsucht, die ein Frühwind weht.
In einer Stunde spricht der Tag
sein Beten oder Fluchen aus
und ich bin stets das arme Haus,
gefüllt mit Jubel und mit Klag.
In einer Stunde liegt die Welt
nichtsahnend, nichtsbegehrend so –
Und ach, ich weiß nicht immer, wo
sie ruht und schlummert, meine Welt.

Abb. 2: Gedichtsammlung *Saite und Sehnsucht*, S. [18] und [19], auf der rechten Seite das Gedicht *Die Stunde*

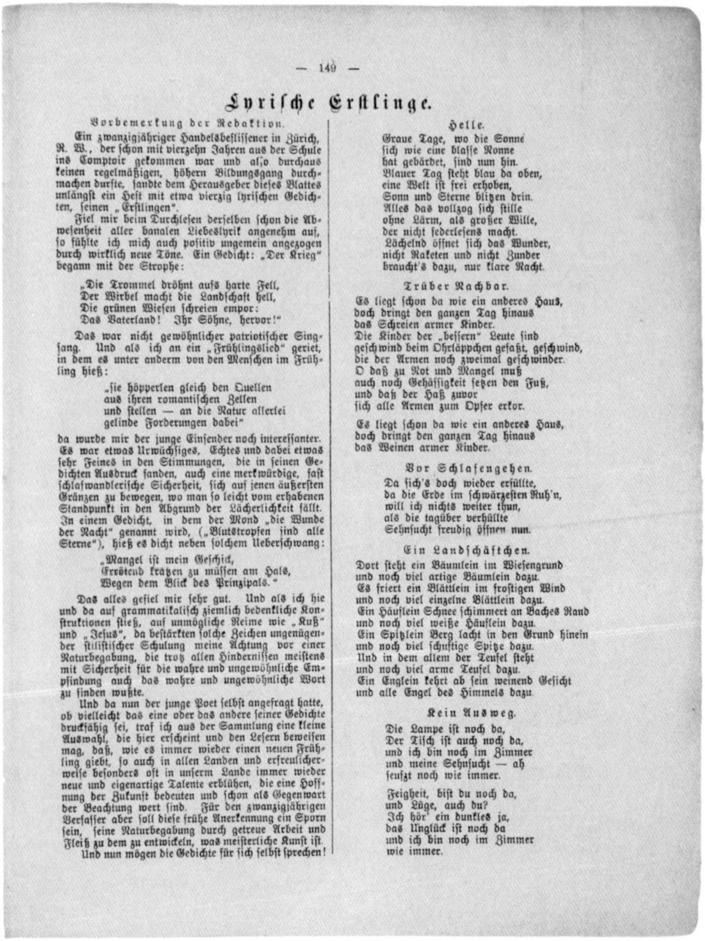

— 149 —

Lyrische Erstlinge.

Vorbemerkung der Redaktion.

Ein zwanzigjähriger Handelsbeflissener in Zürich, R. W., der schon mit vierzehn Jahren aus der Schule ins Comptoir gekommen war und also durchaus keinen regelmäßigen, höhern Bildungsgang durchmachen durfte, sandte dem Herausgeber dieses Blattes unlängst ein Heft mit etwa vierzig lyrischen Gedichten, seinen „Erstlingen".

Fiel mir beim Durchlesen derselben schon die Abwesenheit aller banalen Liebeslyrik angenehm auf, so fühlte ich mich auch positiv ungemein angezogen durch wirklich neue Töne. Ein Gedicht: „Der Krieg" begann mit der Strophe:

„Die Trommel dröhnt aufs harte Fell,
Der Wirbel macht die Landschaft hell,
Die grünen Wiesen schreien empor:
Das Vaterland! Ihr Söhne, hervor!"

Das war nicht gewöhnlicher patriotischer Singsang. Und als ich an ein „Frühlingslied" geriet, in dem es unter anderm von den Menschen im Frühling hieß:

„sie höpperlen gleich den Quellen
aus ihren romantischen Zellen
und stellen — an die Natur allerlei
gelinde Forderungen dabei"

da wurde mir der junge Einsender noch interessanter. Es war etwas Urwüchsiges, Echtes und dabei etwas sehr Feines in den Stimmungen, die in seinen Gedichten Ausdruck fanden, auch eine merkwürdige, fast schlafwandlerische Sicherheit, sich auf jenen äußersten Gränzen zu bewegen, wo man so leicht vom erhabenen Standpunkt in den Abgrund der Lächerlichkeit fällt. In einem Gedicht, in dem der Mond „die Wunde der Nacht" genannt wird, („Blutstropfen sind alle Sterne"), hieß es dicht neben solchem Ueberschwang:

„Mangel ist mein Geschick,
Errötend krätzen zu müssen am Hals,
Wegen dem Blick des Prinzipals."

Das alles gefiel mir sehr gut. Und als ich hie und da auf grammatikalisch ziemlich bedenkliche Konstruktionen stieß, auf unmögliche Reime wie „Kuß" und „Jesus", da bestärkten solche Zeichen ungenügender stilistischer Schulung meine Achtung vor einer Naturbegabung, die trotz allen Hindernissen meistens mit Sicherheit für die wahre und ungewöhnliche Empfindung auch das wahre und ungewöhnliche Wort zu finden wußte.

Und da nun der junge Poet selbst angefragt hatte, ob vielleicht das eine oder das andere seiner Gedichte druckfähig sei, traf ich aus der Sammlung eine kleine Auswahl, die hier erscheint und den Lesern beweisen mag, daß, wie es immer wieder einen neuen Frühling giebt, so auch in allen Landen und erfreulicherweise besonders oft in unserm Lande immer wieder neue und eigenartige Talente erblühen, die eine Hoffnung der Zukunft bedeuten und schon als Gegenwart der Beachtung wert sind. Für den zwanzigjährigen Verfasser aber soll diese frühe Anerkennung ein Sporn sein, seine Naturbegabung durch getreue Arbeit und Fleiß zu dem zu entwickeln, was meisterliche Kunst ist.

Und nun mögen die Gedichte für sich selbst sprechen!

Helle.

Graue Tage, wo die Sonne
sich wie eine blasse Nonne
hat gebärdet, sind nun hin.
Blauer Tag steht blau da oben,
eine Welt ist frei erhoben,
Sonn und Sterne blitzen drin.
Alles das vollzog sich stille
ohne Lärm, als großer Wille,
der nicht federlesens macht.
Lächelnd öffnet sich das Wunder,
nicht Raketen und nicht Zunder
braucht's dazu, nur klare Nacht.

Trüber Nachbar.

Es liegt schon da wie ein anderes Haus,
doch dringt den ganzen Tag hinaus
das Schreien armer Kinder.
Die Kinder der „bessern" Leute sind
geschwind beim Ohrläppchen gefaßt, geschwind,
die der Armen noch zweimal geschwinder.
O daß zu Not und Mangel muß
auch noch Gehässigkeit setzen den Fuß,
und daß der Haß zuvor
sich alle Armen zum Opfer erkor.

Es liegt schon da wie ein anderes Haus,
doch dringt den ganzen Tag hinaus
das Weinen armer Kinder.

Vor Schlafengehen.

Da sich's doch wieder erfüllte,
da die Erde im schwärzesten Ruh'n,
will ich nichts weiter thun,
als die tagüber verhüllte
Sehnsucht freudig öffnen nun.

Ein Landschäftchen.

Dort steht ein Bäumlein im Wiesengrund
und noch viel artige Bäumlein dazu.
Es friert ein Blättlein im frostigen Wind
und noch viel einzelne Blättlein dazu.
Ein Häuflein Schnee schimmert an Baches Rand
und noch viel weiße Häuflein dazu.
Ein Spitzlein Berg lacht in den Grund hinein
und noch viel schuftige Spitze dazu.
Und in dem allem der Teufel steht
und noch viel arme Teufel dazu.
Ein Englein kehrt ab sein weinend Gesicht
und alle Engel des Himmels dazu.

Kein Ausweg.

Die Lampe ist noch da,
Der Tisch ist auch noch da,
und ich bin noch im Zimmer
und meine Sehnsucht — ah
seufzt noch wie immer.

Feigheit, bist du noch da,
und Lüge, auch du?
Ich hör' ein dunkles ja,
das Unglück ist noch da
und ich bin noch im Zimmer
wie immer.

Abb. 3: *Lyrische Erstlinge*, im *Sonntagsblatt des Bund* (8.5.1898), S. 149, mit einer »Vorbemerkung der Redaktion« und fünf Gedichten im Erstdruck, auf S. 150 (hier nicht abgebildet) ein weiteres Gedicht.

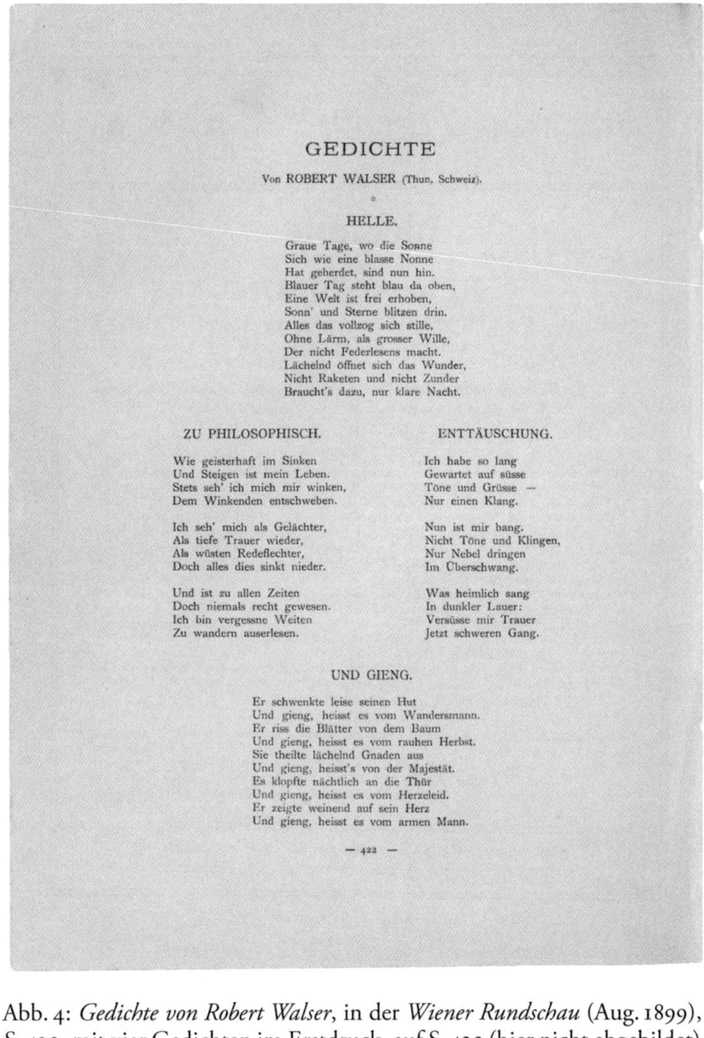

GEDICHTE

Von ROBERT WALSER (Thun, Schweiz).

*

HELLE.

Graue Tage, wo die Sonne
Sich wie eine blasse Nonne
Hat geberdet, sind nun hin.
Blauer Tag steht blau da oben,
Eine Welt ist frei erhoben,
Sonn' und Sterne blitzen drin.
Alles das vollzog sich stille,
Ohne Lärm, als grosser Wille,
Der nicht Federlesens macht.
Lächelnd öffnet sich das Wunder,
Nicht Raketen und nicht Zunder
Braucht's dazu, nur klare Nacht.

ZU PHILOSOPHISCH.

Wie geisterhaft im Sinken
Und Steigen ist mein Leben.
Stets seh' ich mich mir winken,
Dem Winkenden entschweben.

Ich seh' mich als Gelächter,
Als tiefe Trauer wieder,
Als wüsten Redeflechter,
Doch alles dies sinkt nieder.

Und ist zu allen Zeiten
Doch niemals recht gewesen.
Ich bin vergessne Weiten
Zu wandern auserlesen.

ENTTÄUSCHUNG.

Ich habe so lang
Gewartet auf süsse
Töne und Grüsse —
Nur einen Klang.

Nun ist mir bang.
Nicht Töne und Klingen,
Nur Nebel dringen
Im Überschwang.

Was heimlich sang
In dunkler Lauer:
Versüsse mir Trauer
Jetzt schweren Gang.

UND GIENG.

Er schwenkte leise seinen Hut
Und gieng, heisst es vom Wandersmann.
Er riss die Blätter von dem Baum
Und gieng, heisst es vom rauhen Herbst.
Sie theilte lächelnd Gnaden aus
Und gieng, heisst's von der Majestät.
Es klopfte nächtlich an die Thür
Und gieng, heisst es vom Herzeleid.
Er zeigte weinend auf sein Herz
Und gieng, heisst es vom armen Mann.

— 422 —

Abb. 4: *Gedichte von Robert Walser*, in der *Wiener Rundschau* (Aug. 1899), S. 422, mit vier Gedichten im Erstdruck, auf S. 423 (hier nicht abgebildet) vier weitere Gedichte und eine redaktionelle Notiz zu Robert Walser

№ 45, 24. Februar 1909. Künftig erscheinende Bücher. Börsenblatt f. d. Dtschn. Buchhandel. 2419

Bruno Cassirer Verlag Berlin

Gedichte

Ⓩ

von

Robert Walser

mit 16 Originalradierungen von Karl Walser

Einmalige Auflage in 300 numerierten und signierten Exemplaren. Gedruckt auf echtem Bütten. Die Radierungen sind in den Text gedruckt. Farbiger Deckel von Karl Walser.

Preis M. 30.— ord., M. 22.50 bar.

Robert Walser ist ein Sänger der Bäume, die mit ihren nackten Zweigen traurig zum Himmel starren, der schmelzenden Schneeflocken am Wiesenhang, der Wege zwischen Gärten, der Kornfeld-übergoldeten Hügel mit ihren geheimnisvoll auftauchenden und verschwindenden Chausseen, des Winters, der schauerstillen Nächte, der Abende, der Dämmerstunden der Natur draußen wie drinnen.
Die Radierungen zeigen Karl Walser auf einer bisher noch nicht erreichten Höhe.
Die Form des Buches, das an Stelle der — durch die Entwickelung der Reproduktionsverfahren so überhäufigen — mechanischen Wiedergaben von künstlerischen Originalen die Originale selbst, in den Text eingedruckt, und so Radierungen und Text als ein Ganzes gibt, ist neu — und sehr alt. Denn fast bis auf Chodowieckis Zeit muß man zurückgehen, um ein Buch, wie das vorliegende zu finden, in dem sich nicht nur der Dichter, sondern anch der Maler in seiner Originalhandschrift ausspricht. — Jeder Bibliophile weiß, wie hoch alte Bücher mtt Kupferstichen, selbst von Künstlern geringeren Namens, heute im Preise stehen.
Da das erste Buch, für das Karl Walser Originalradierungen arbeitete — die Briefe der Ninon de Lenclos — vor Erscheinen vergriffen war, so darf auch die vorliegende Publikation des Erfolges sicher sein.

Felix Poppenberg schrieb:

Voll nachdenklicher Anmut und sehr rein eingestimmt wirken Karl Walsers Radierungen zu den Gedichten seines Bruders. Ziervolle Bildchen sind es, mit sicherem Taktgefühl in die Textseite komponiert, mit ihrem schlanken Plattenrand zu Häupten der Lieder stehend, in der Art guter Drucke des XVIII. Jahrhunderts. In einer stillen im guten Sinne eigensinnigen Innerlichkeit und ganz echter Einklang zu den Poesien.

Bestellzettel liegt bei, ich liefere nur bar. Ein zweifarbiger Prospekt steht in beschränkter Anzahl zur Verfügung.

Abb. 5: *Börsenblatt für den deutschen Buchhandel* (24.2.1909), mit Verlagsanzeige zur Erstausgabe der Gedichte

Abb. 6-25: Erstausgabe der *Gedichte* (1909), mit Illustrationen von Karl Walser

Gedichte

von

Robert Walser

Mit Radierungen von Karl Walser

Bruno Cassirer
Berlin

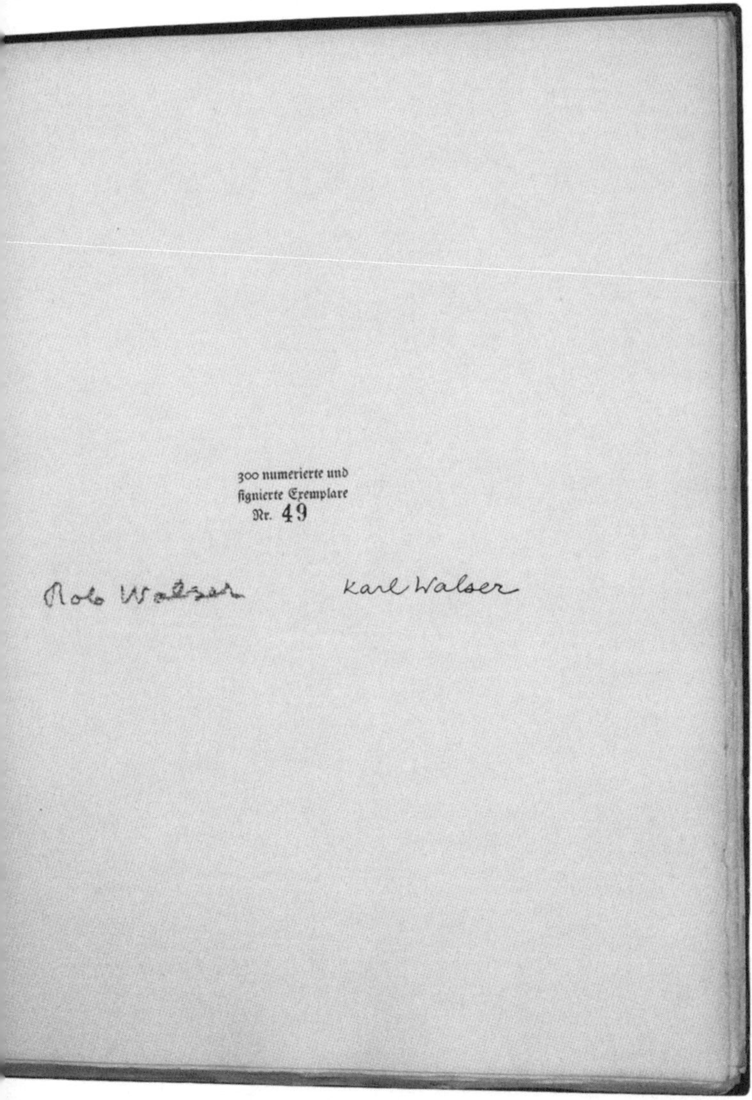
300 numerierte und
signierte Exemplare
Nr. 49
Karl Walser

Im Bureau

Der Mond sieht zu uns hinein,
er sieht mich als armen Commis
schmachten unter dem strengen Blick
meines Prinzipals,
ich kratze verlegen am Hals.

7

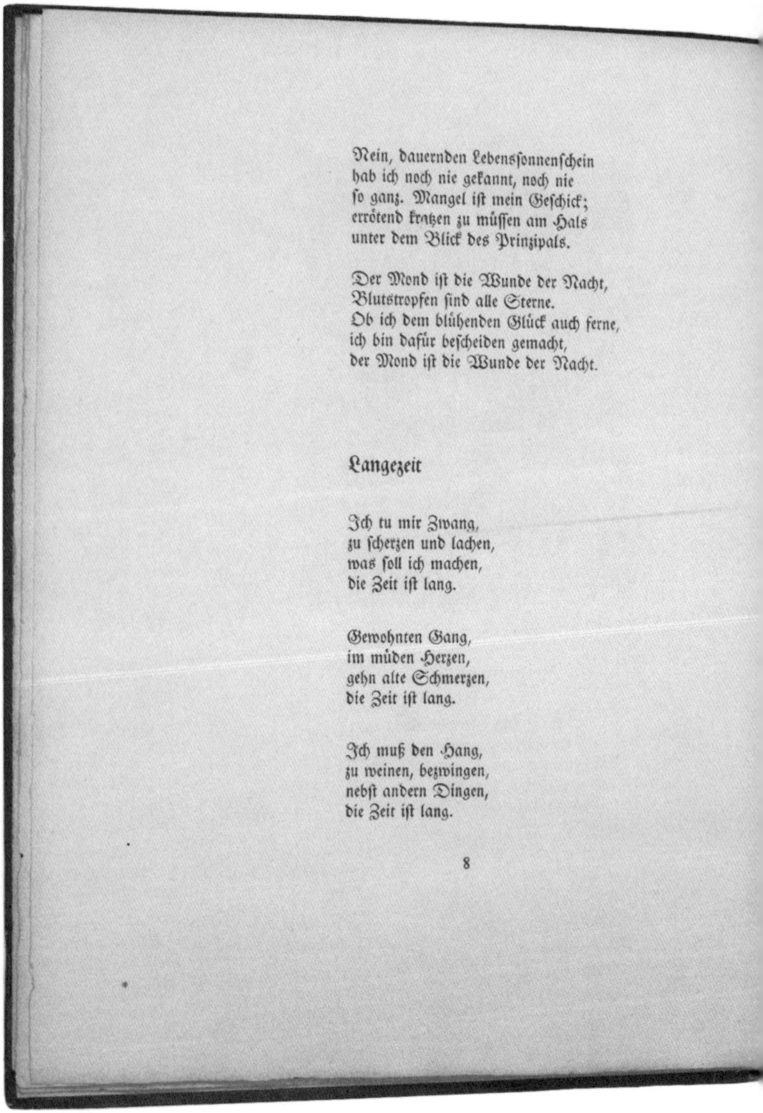

Nein, dauernden Lebenssonnenschein
hab ich noch nie gekannt, noch nie
so ganz. Mangel ist mein Geschick;
errötend kratzen zu müssen am Hals
unter dem Blick des Prinzipals.

Der Mond ist die Wunde der Nacht,
Blutstropfen sind alle Sterne.
Ob ich dem blühenden Glück auch ferne,
ich bin dafür bescheiden gemacht,
der Mond ist die Wunde der Nacht.

Langezeit

Ich tu mir Zwang,
zu scherzen und lachen,
was soll ich machen,
die Zeit ist lang.

Gewohnten Gang,
im müden Herzen,
gehn alte Schmerzen,
die Zeit ist lang.

Ich muß den Hang,
zu weinen, bezwingen,
nebst andern Dingen,
die Zeit ist lang.

8

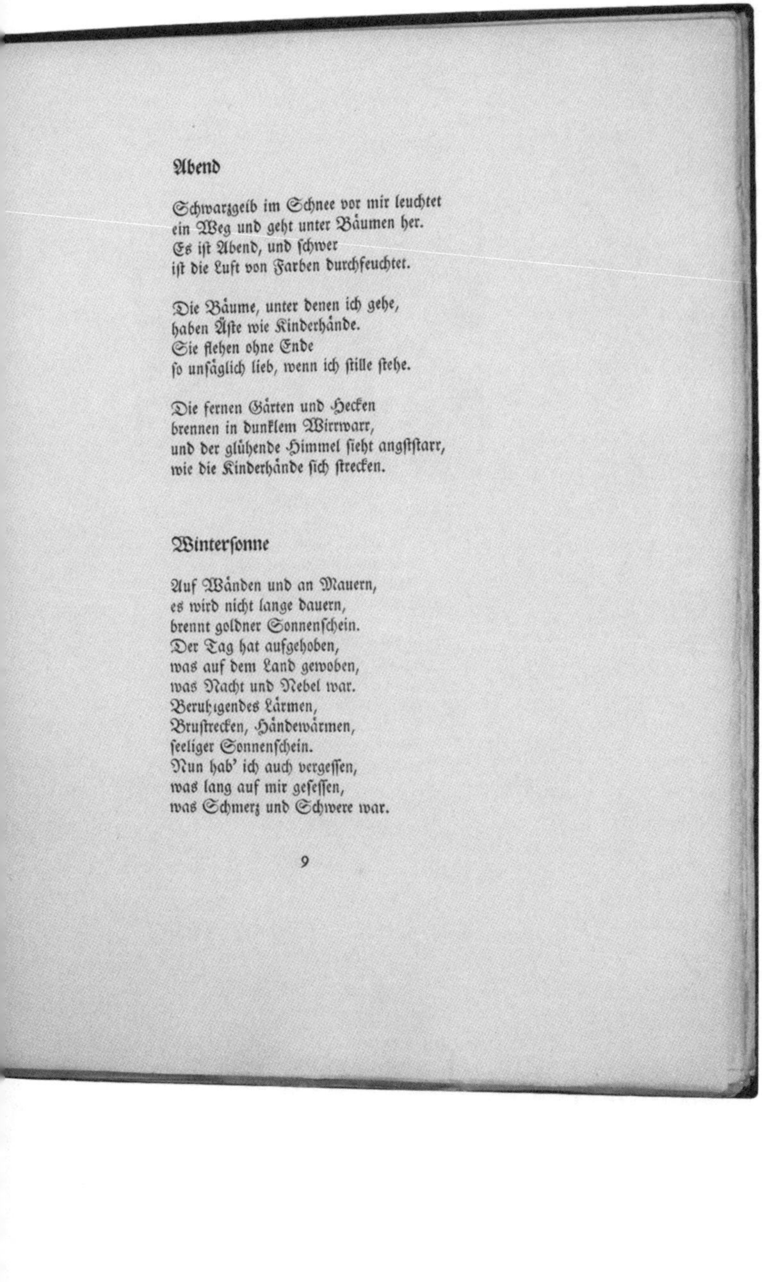

Abend

Schwarzgeib im Schnee vor mir leuchtet
ein Weg und geht unter Bäumen her.
Es ist Abend, und schwer
ist die Luft von Farben durchfeuchtet.

Die Bäume, unter denen ich gehe,
haben Äste wie Kinderhände.
Sie flehen ohne Ende
so unsäglich lieb, wenn ich stille stehe.

Die fernen Gärten und Hecken
brennen in dunklem Wirrwarr,
und der glühende Himmel sieht angststarr,
wie die Kinderhände sich strecken.

Wintersonne

Auf Wänden und an Mauern,
es wird nicht lange dauern,
brennt goldner Sonnenschein.
Der Tag hat aufgehoben,
was auf dem Land gewoben,
was Nacht und Nebel war.
Beruhigendes Lärmen,
Brustrecken, Händewärmen,
seeliger Sonnenschein.
Nun hab' ich auch vergessen,
was lang auf mir gesessen,
was Schmerz und Schwere war.

9

Warum auch

Und als ein solcher klarer
Tag hastig nun wieder kam,
sprach er voll ruhiger, wahrer
Entschlossenheit langsam:
Nun soll es anders sein,
ich stürze mich in den Kampf hinein;
ich will gleich so vielen Andern
aus der Welt tragen helfen das Leid,
will leiden und wandern,
bis das Volk befreit.
Will nie mehr müde mich niederlegen;
geschehen soll etwas.
Da überkam ihn ein Erwägen,
ein Schlummer: ach, laß doch das.

10

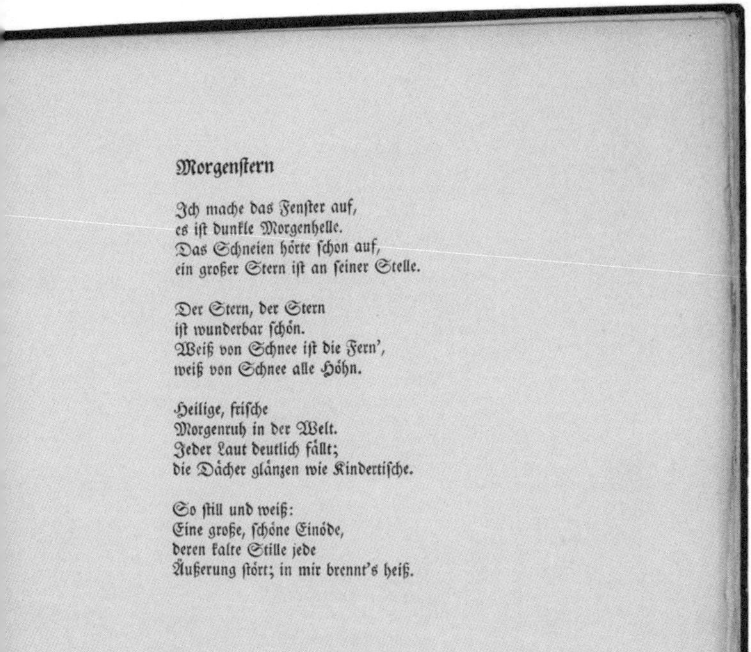

Morgenstern

Ich mache das Fenster auf,
es ist dunkle Morgenhelle.
Das Schneien hörte schon auf,
ein großer Stern ist an seiner Stelle.

Der Stern, der Stern
ist wunderbar schön.
Weiß von Schnee ist die Fern',
weiß von Schnee alle Höhn.

Heilige, frische
Morgenruh in der Welt.
Jeder Laut deutlich fällt;
die Dächer glänzen wie Kindertische.

So still und weiß:
Eine große, schöne Einöde,
deren kalte Stille jede
Äußerung stört; in mir brennt's heiß.

Gebet

Gebet ist heute Nacht
mein allereinzigst Tun.
Ich hab ihn ja vollbracht,
ich hab ihn hingewacht,
den Tag, und kann jetzt ruhn.

11

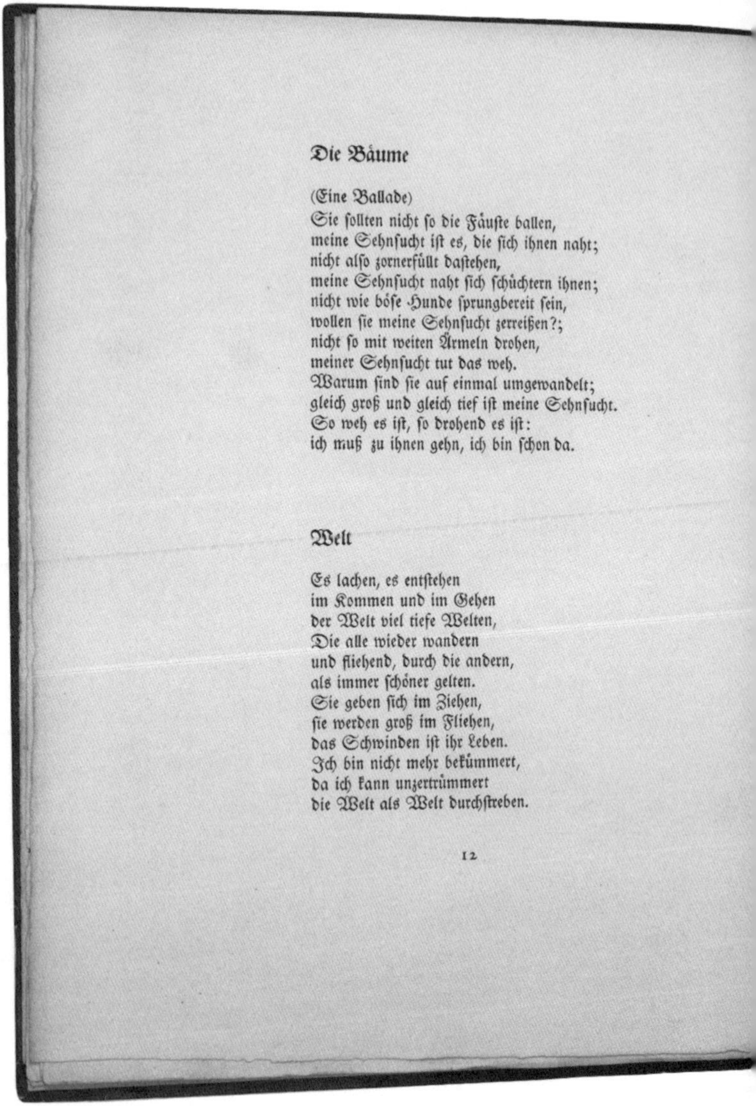

Die Bäume

(Eine Ballade)
Sie sollten nicht so die Fäuste ballen,
meine Sehnsucht ist es, die sich ihnen naht;
nicht also zornerfüllt dastehen,
meine Sehnsucht naht sich schüchtern ihnen;
nicht wie böse Hunde sprungbereit sein,
wollen sie meine Sehnsucht zerreißen?;
nicht so mit weiten Ärmeln drohen,
meiner Sehnsucht tut das weh.
Warum sind sie auf einmal umgewandelt;
gleich groß und gleich tief ist meine Sehnsucht.
So weh es ist, so drohend es ist:
ich muß zu ihnen gehn, ich bin schon da.

Welt

Es lachen, es entstehen
im Kommen und im Gehen
der Welt viel tiefe Welten,
Die alle wieder wandern
und fliehend, durch die andern,
als immer schöner gelten.
Sie geben sich im Ziehen,
sie werden groß im Fliehen,
das Schwinden ist ihr Leben.
Ich bin nicht mehr bekümmert,
da ich kann unzertrümmert
die Welt als Welt durchstreben.

12

Helle

Graue Tage, wo die Sonne
sich wie eine blasse Nonne
hat gebärdet, sind nun hin.
Blauer Tag steht blau da oben,
eine Welt ist frei erhoben,
Sonn' und Sterne blitzen drin.
Alles das vollzog sich stille,
ohne Lärm, als großer Wille,
der nicht federlesens macht.
Lächelnd öffnet sich das Wunder,
nicht Raketen und nicht Zunder
brauchts dazu, nur klare Nacht.

13

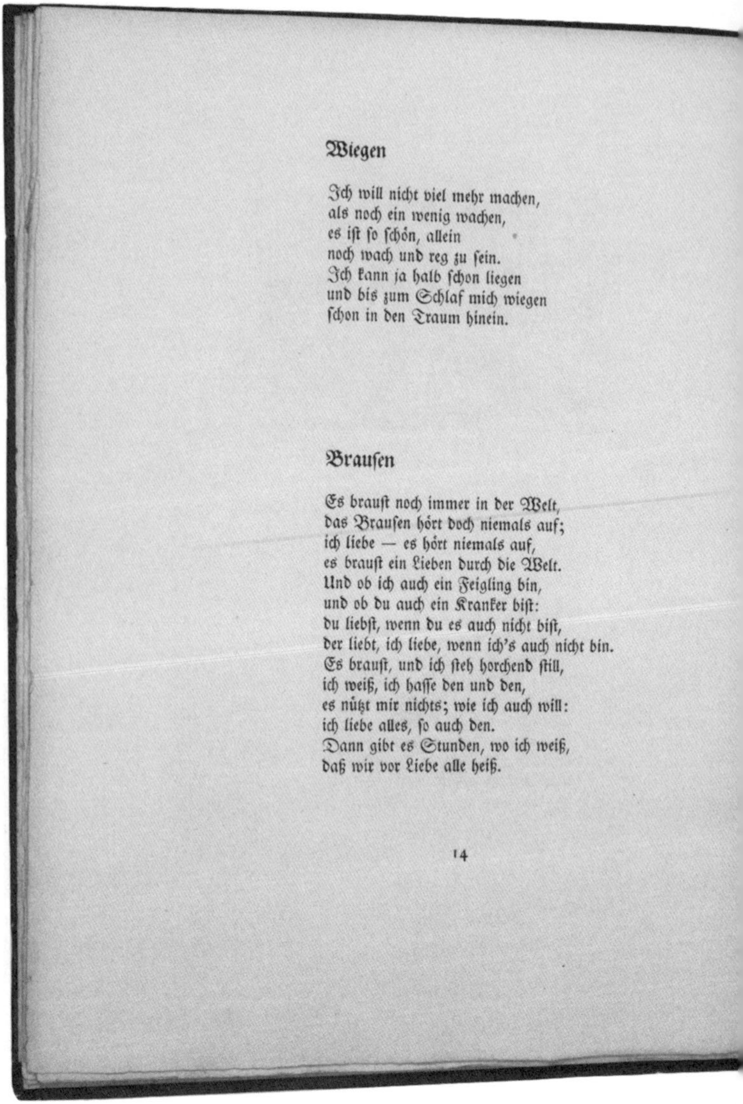

Wiegen

Ich will nicht viel mehr machen,
als noch ein wenig wachen,
es ist so schön, allein
noch wach und reg zu sein.
Ich kann ja halb schon liegen
und bis zum Schlaf mich wiegen
schon in den Traum hinein.

Brausen

Es braust noch immer in der Welt,
das Brausen hört doch niemals auf;
ich liebe — es hört niemals auf,
es braust ein Lieben durch die Welt.
Und ob ich auch ein Feigling bin,
und ob du auch ein Kranker bist:
du liebst, wenn du es auch nicht bist,
der liebt, ich liebe, wenn ich's auch nicht bin.
Es braust, und ich steh horchend still,
ich weiß, ich hasse den und den,
es nützt mir nichts; wie ich auch will:
ich liebe alles, so auch den.
Dann gibt es Stunden, wo ich weiß,
daß wir vor Liebe alle heiß.

14

Nicht?

Ich liege im Zimmer, gequält
von schwarzen Erinnerungen,
wie hab ich doch schwer gefehlt,
wie bin ich zu fehlen gezwungen.

Scheint denn die Sonne heut nicht?
Es liegen ja alle Armen
auf den Knien, mit ihren warmen
Herzen, die Angst im bangen Gesicht.

Scheint denn die Sonne heut nicht?

15

Wie immer

Die Lampe ist noch da,
der Tisch ist auch noch da,
und ich bin noch im Zimmer,
und meine Sehnsucht, ah,
seufzt noch wie immer.

Feigheit, bist du noch da?
und, Lüge, auch du?
Ich hör' ein dunkles Ja:
das Unglück ist noch da,
und ich bin noch im Zimmer
wie immer.

Tiefer Winter

In die Fensterscheiben sind jene
unendlich zärtlichen, zarten
Blumen gegraben, als große Träne
hängt der gelbe Mond aus dem Nebelgarten.

Das ist ein Garten, die Welt, worin
jetzt alle Wollust gestorben,
und Laut und Himmel verdorben.
Die Fensterblumen sind der erstarrte Sinn.

Auf die vielen weißen Dächer,
auf die Felder, die eben so weiß sind,
weint der Mond, auch in Gemächer,
wo Menschen toll oder weis' sind.

Schnee

Es schneit, es schneit, bedeckt die Erde
mit weißer Beschwerde, so weit, so weit.

Es taumelt so weh, hinunter vom Himmel,
das Flockengewimmel, der Schnee, der Schnee.

Das gibt dir, ach, eine Ruh, eine Weite,
die weißverschneite Welt macht mich schwach.

So daß erst klein, dann groß mein Sehnen
sich drängt zu Tränen, in mich hinein.

17

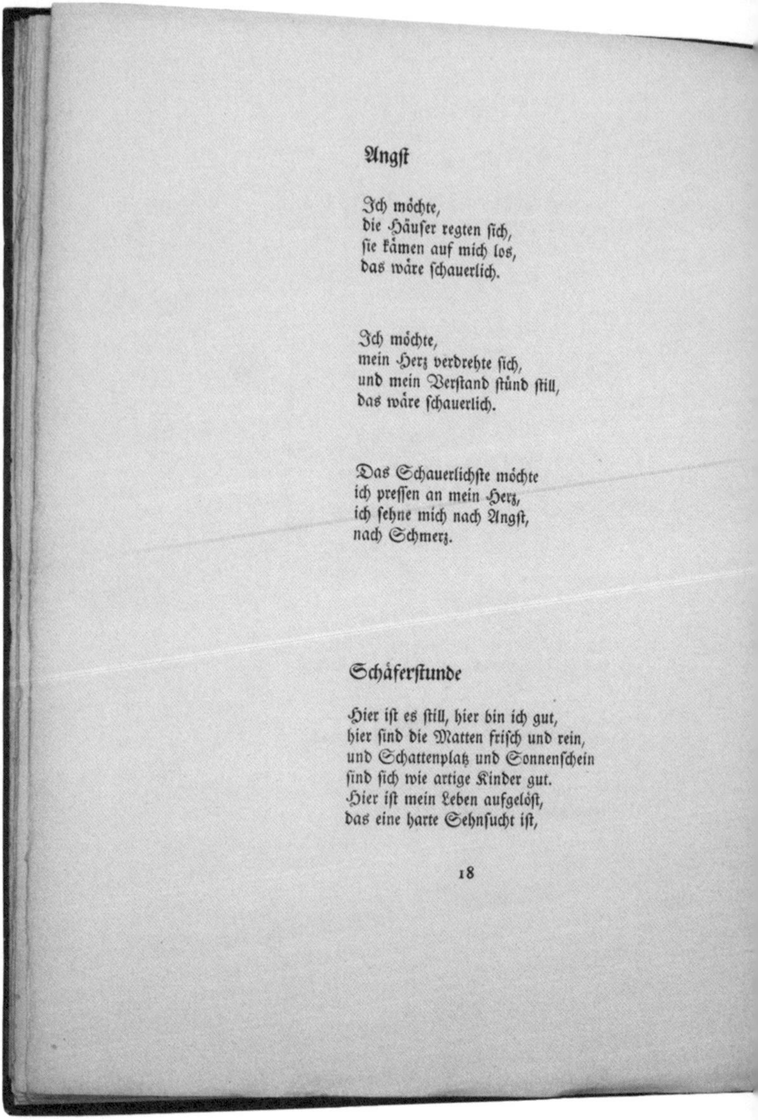

Angst

Ich möchte,
die Häuser regten sich,
sie kämen auf mich los,
das wäre schauerlich.

Ich möchte,
mein Herz verdrehte sich,
und mein Verstand stünd still,
das wäre schauerlich.

Das Schauerlichste möchte
ich pressen an mein Herz,
ich sehne mich nach Angst,
nach Schmerz.

Schäferstunde

Hier ist es still, hier bin ich gut,
hier sind die Matten frisch und rein,
und Schattenplatz und Sonnenschein
sind sich wie artige Kinder gut.
Hier ist mein Leben aufgelöst,
das eine harte Sehnsucht ist,

18

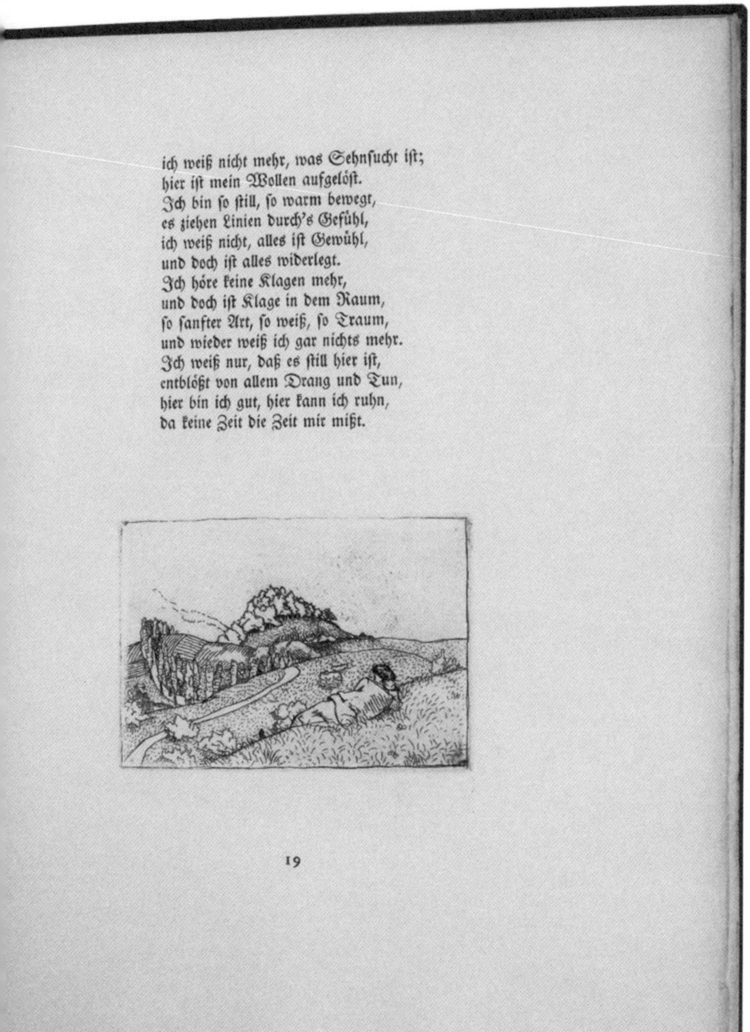

ich weiß nicht mehr, was Sehnsucht ist;
hier ist mein Wollen aufgelöst.
Ich bin so still, so warm bewegt,
es ziehen Linien durch's Gefühl,
ich weiß nicht, alles ist Gewühl,
und doch ist alles widerlegt.
Ich höre keine Klagen mehr,
und doch ist Klage in dem Raum,
so sanfter Art, so weiß, so Traum,
und wieder weiß ich gar nichts mehr.
Ich weiß nur, daß es still hier ist,
entblößt von allem Drang und Tun,
hier bin ich gut, hier kann ich ruhn,
da keine Zeit die Zeit mir mißt.

19

Heimkehr

An meinen Wangen brennt es heiß,
auf meiner Lippe bebt es noch,
weil ich mein Herz ihr übertrug
zum Sprechen; alle Sprache war
voll Irrtum und Befangenheit,
ein Übermut, ein jäher Klang.
Das war mein Sprechen, ach, dies zeigt
sich auf der roten Wange noch,
die ich nach Hause trage jetzt.
Ich senke meinen Blick zum Schnee,
ich geh vorbei an manchem Haus,
an mancher Hecke, manchem Baum,
der Schnee ziert Hecke, Baum und Haus.
Ich geh' vorbei, den Blick zum Schnee
gesenkt, an meiner Wange ist
nichts, als erinnrungsheißes Rot,
mich mahnend an die wüste Sprach.

Stille

Wie wär ich froh, wenn irgendwo
nur still ich ruhen könnte;
Zufriedenheit, als warmes Kleid,
mir innre Stille gönnte.

Wie liebt' ich sie, wenn irgendwie
ich darin Trost empfände,
was sicher ist, da aller Zwist
in ihr ein Ende fände.

20

Weiter

Ich wollte stehen bleiben,
es trieb mich wieder weiter,
vorbei an schwarzen Bäumen,
doch unter schwarzen Bäumen
wollt' ich schnell stehen bleiben,
es trieb mich wieder weiter,

21

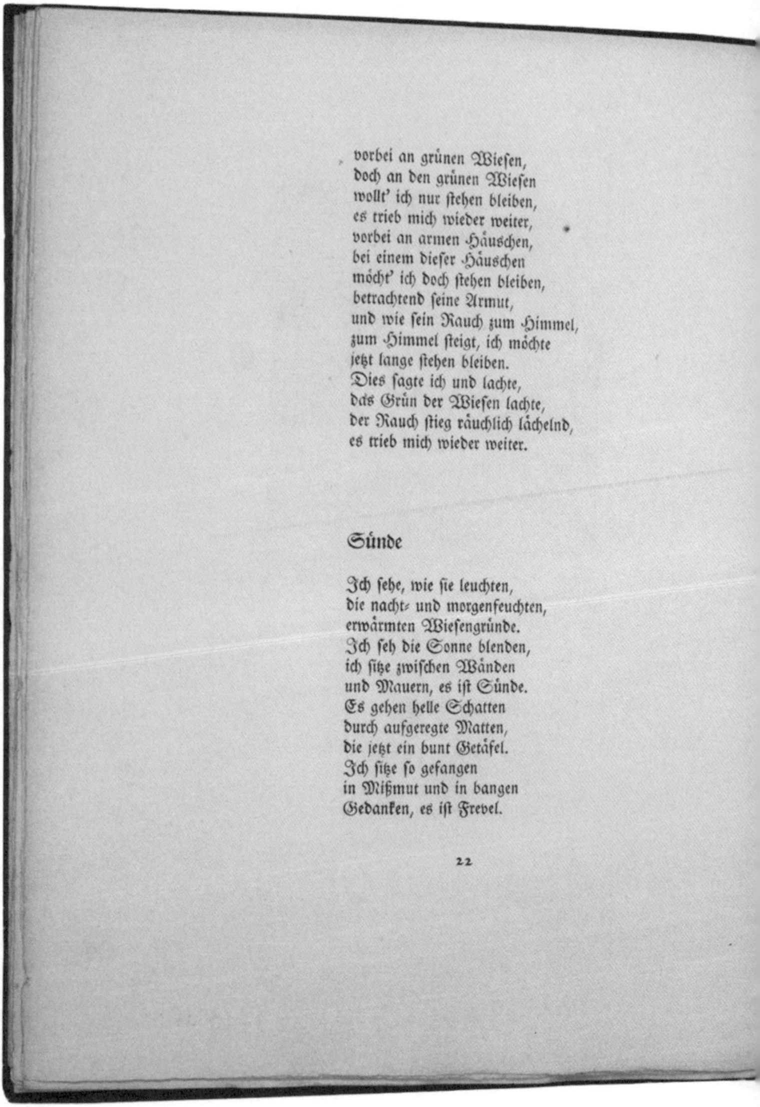

vorbei an grünen Wiesen,
doch an den grünen Wiesen
wollt' ich nur stehen bleiben,
es trieb mich wieder weiter,
vorbei an armen Häuschen,
bei einem dieser Häuschen
möcht' ich doch stehen bleiben,
betrachtend seine Armut,
und wie sein Rauch zum Himmel,
zum Himmel steigt, ich möchte
jetzt lange stehen bleiben.
Dies sagte ich und lachte,
das Grün der Wiesen lachte,
der Rauch stieg räuchlich lächelnd,
es trieb mich wieder weiter.

Sünde

Ich sehe, wie sie leuchten,
die nacht- und morgenfeuchten,
erwärmten Wiesengründe.
Ich seh die Sonne blenden,
ich sitze zwischen Wänden
und Mauern, es ist Sünde.
Es gehen helle Schatten
durch aufgeregte Matten,
die jetzt ein bunt Getäfel.
Ich sitze so gefangen
in Mißmut und in bangen
Gedanken, es ist Frevel.

22

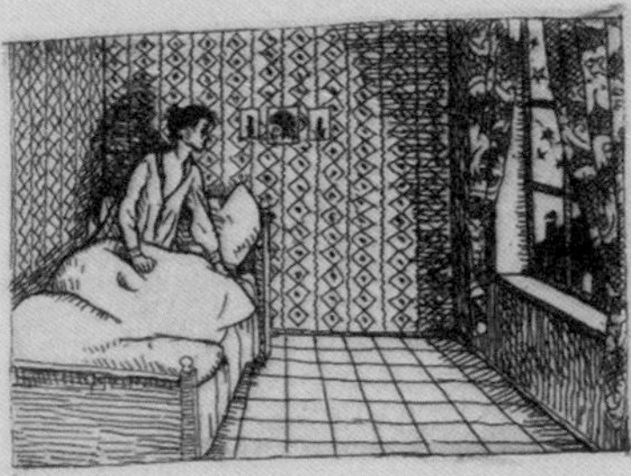

Im Mondschein

Ich dachte gestern Nacht,
die Sterne müssen singen,
als ich aufgewacht
und es leise hörte klingen.

Es war aber eine Handharfe,
die durch die Räume drang,
und durch die kalte scharfe
Nacht klang es so bang.

Dachte so verlornem Ringen,
Gebeten und Flüchen nach,
und noch lange hört' ich es singen,
lag lang noch wach.

23

Ein Landschäftchen

Dort steht ein Bäumlein im Wiesengrund
und noch viele artige Bäumlein dazu.
Ein Blättlein friert im frostigen Wind
und noch viele einzelne Blättlein dazu.
Ein Häuflein Schnee schimmert an Baches Rand
und noch viele weiße Häuflein dazu.
Ein Spitzlein Berg lacht in den Grund hinein
und noch viele schuftige Spitze dazu.
Und in dem allem der Teufel steht
und noch viele arme Teufel dazu.
Ein Englein kehrt ab sein weinend Gesicht
und alle Engel des Himmels dazu.

24

Weinenden Herzens

Ich fühle tausend Dinge, wenn
ich an dich denke, Jesus.
Es wird mir so heiß, denn
dein Name ist ein verwirrender Kuß.

Du stehst noch immer im Schnee
und starrst, was die Armen wollen,
die Armen, die dir so weh
getan haben sollen.

Das taten jedoch nicht sie,
das Schauerliche deines Tods,
jene Einsamen, nein, nie!
Das tat ein betrunkener Trotz.

Das taten rohe Gesellen,
die an Verkommenheit reich.
Die Armut hat mit den Quellen
deines Bluts nichts gemein, nichts gleich.

Ich will unter Armut verstanden
haben ein stilles Weh,
Menschen, die außer den Banden
der Tat, hingestreut, weich, wie Schnee.

Und starrend licht wie derselbe,
und Jesus sieht ihnen zu,
noch heute, seine gelbe
helle Haarwelle flattert ohne Ruh.

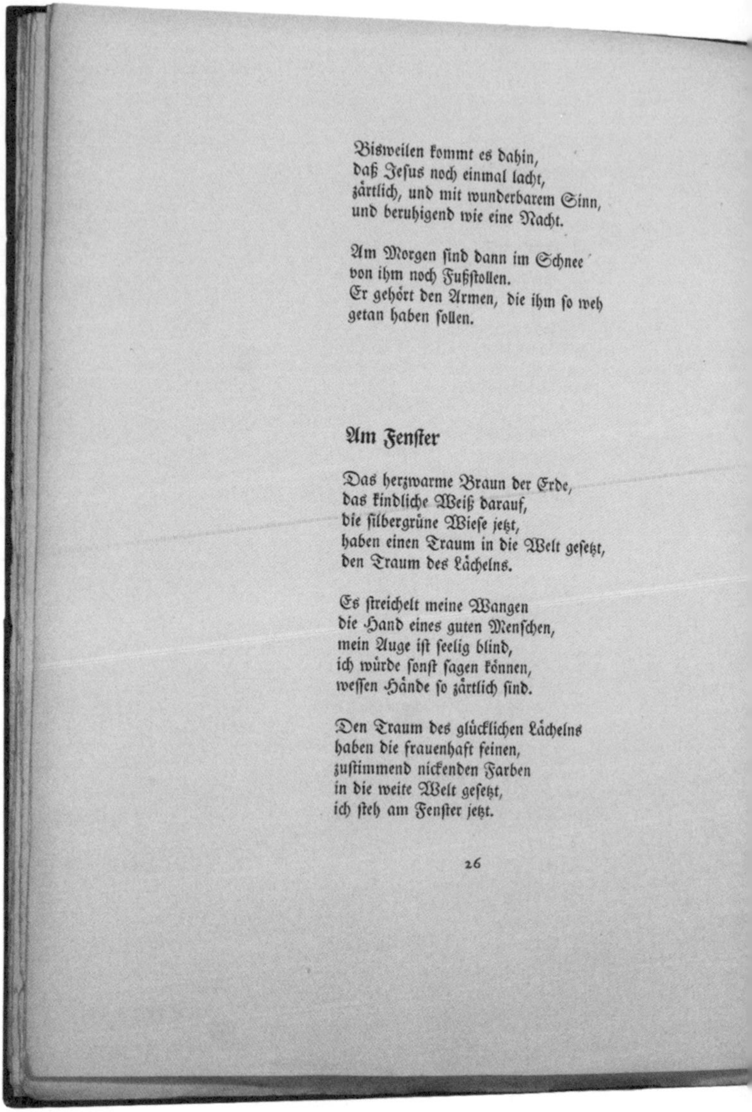

Bisweilen kommt es dahin,
daß Jesus noch einmal lacht,
zärtlich, und mit wunderbarem Sinn,
und beruhigend wie eine Nacht.

Am Morgen sind dann im Schnee
von ihm noch Fußstollen.
Er gehört den Armen, die ihm so weh
getan haben sollen.

Am Fenster

Das herzwarme Braun der Erde,
das kindliche Weiß darauf,
die silbergrüne Wiese jetzt,
haben einen Traum in die Welt gesetzt,
den Traum des Lächelns.

Es streichelt meine Wangen
die Hand eines guten Menschen,
mein Auge ist seelig blind,
ich würde sonst sagen können,
wessen Hände so zärtlich sind.

Den Traum des glücklichen Lächelns
haben die frauenhaft feinen,
zustimmend nickenden Farben
in die weite Welt gesetzt,
ich steh am Fenster jetzt.

26

Beiseit

Ich mache meinen Gang;
der führt ein Stückchen weit
und heim; dann ohne Klang
und Wort bin ich beiseit.

Vor Schlafengehen

Da sich's doch wieder erfüllte,
da die Erde im schwärzesten Ruhn,
will ich nichts weiter tun,
als die tagüber verhüllte
Sehnsucht freudig öffnen nun.

27

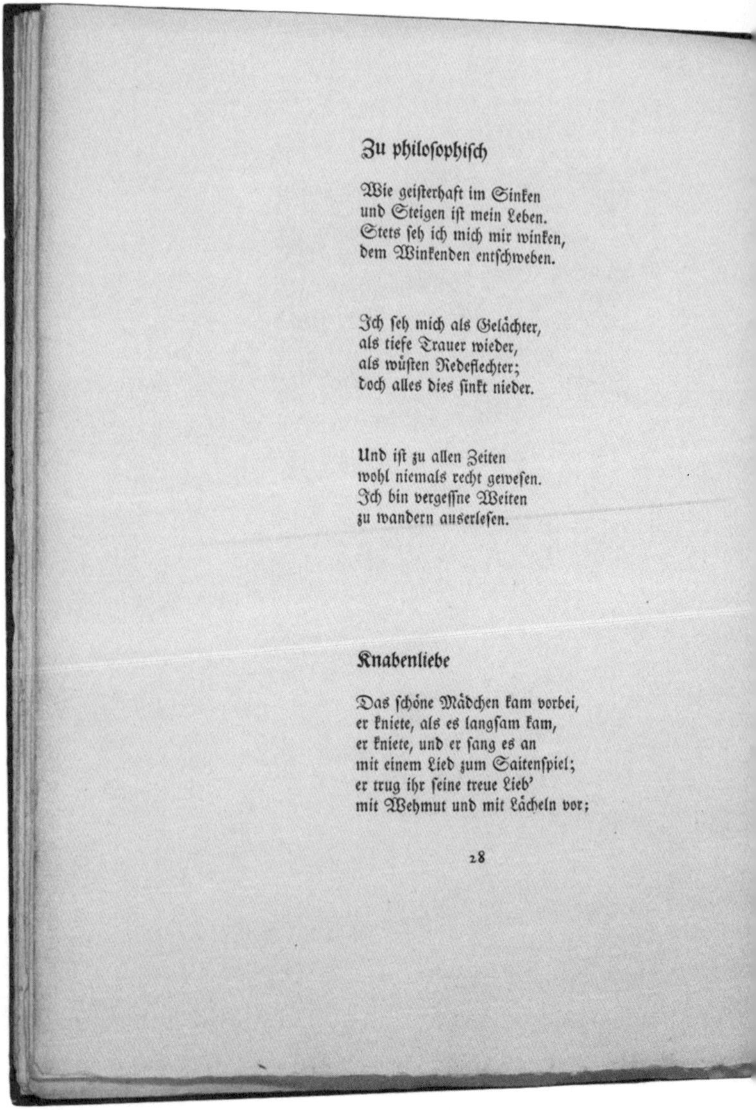

Zu philosophisch

Wie geisterhaft im Sinken
und Steigen ist mein Leben.
Stets seh ich mich mir winken,
dem Winkenden entschweben.

Ich seh mich als Gelächter,
als tiefe Trauer wieder,
als wüsten Redeflechter;
doch alles dies sinkt nieder.

Und ist zu allen Zeiten
wohl niemals recht gewesen.
Ich bin vergessne Weiten
zu wandern auserlesen.

Knabenliebe

Das schöne Mädchen kam vorbei,
er kniete, als es langsam kam,
er kniete, und er sang es an
mit einem Lied zum Saitenspiel;
er trug ihr seine treue Lieb'
mit Wehmut und mit Lächeln vor;

28

sein Herz klang scheu im Saitenspiel,
das zitternd wie die Liebe klang,
sein Auge sah das Mädchen an,
die Zähne schimmerten im Mund,
mit dem er bebend, flehend sang.
Das Liebeslied ging nicht zu End';
endlos, wie seine Liebe, drang
aus ihm heraus der schlichte Ton.
So trug er seine Sehnsucht vor,
die Luft war lieb- und sinngeschwellt,
der blaue Himmel sah herab,
das Mädchen aber floh davon,
es war verschwunden, aber schon
starb auch der leise Liebeston.

29

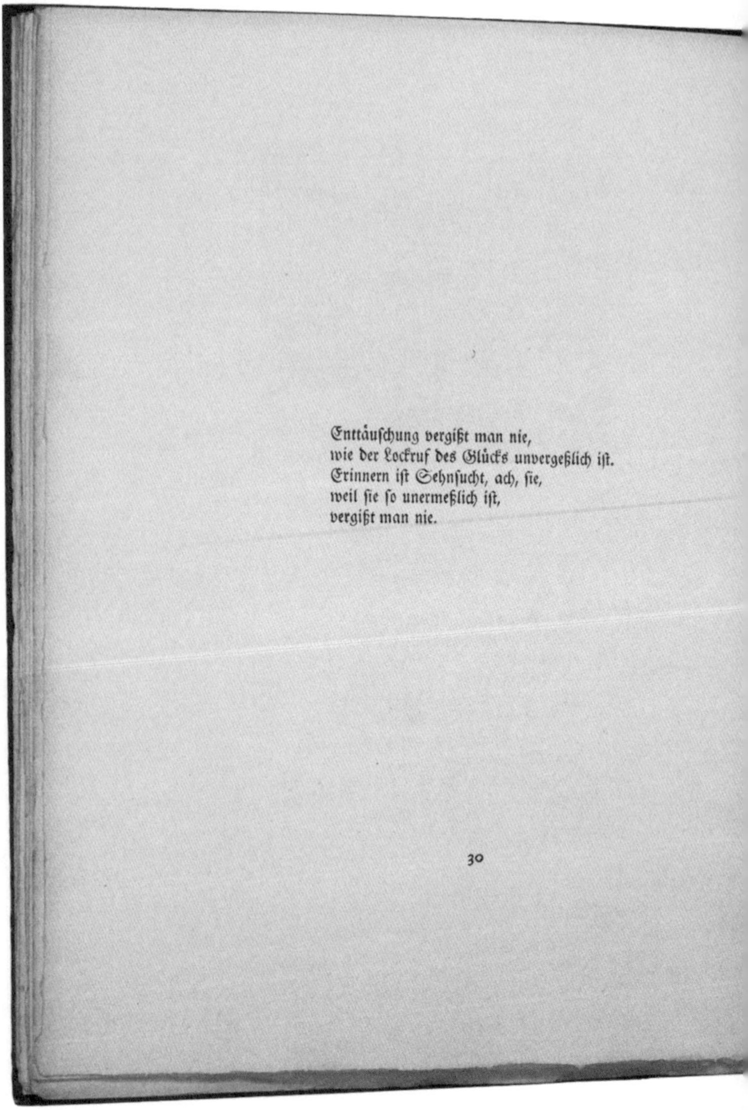

Enttäuschung vergißt man nie,
wie der Lockruf des Glücks unvergeßlich ist.
Erinnern ist Sehnsucht, ach, sie,
weil sie so unermeßlich ist,
vergißt man nie.

30

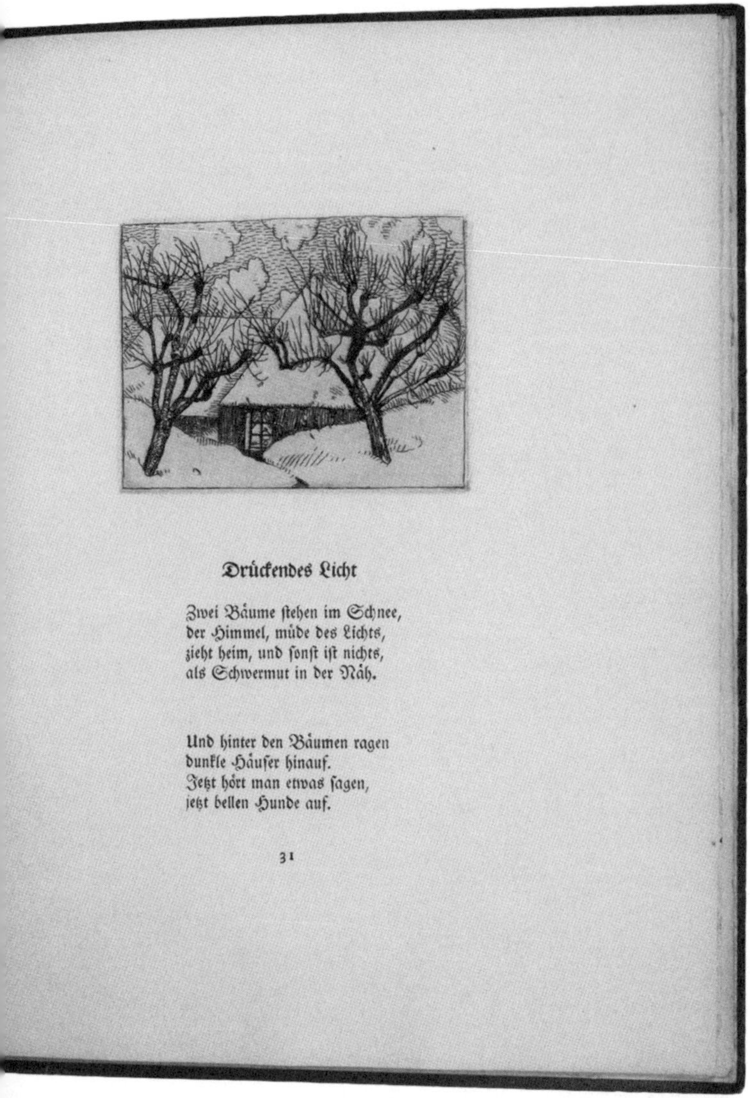

Drückendes Licht

Zwei Bäume stehen im Schnee,
der Himmel, müde des Lichts,
zieht heim, und sonst ist nichts,
als Schwermut in der Näh.

Und hinter den Bäumen ragen
dunkle Häuser hinauf.
Jetzt hört man etwas sagen,
jetzt bellen Hunde auf.

31

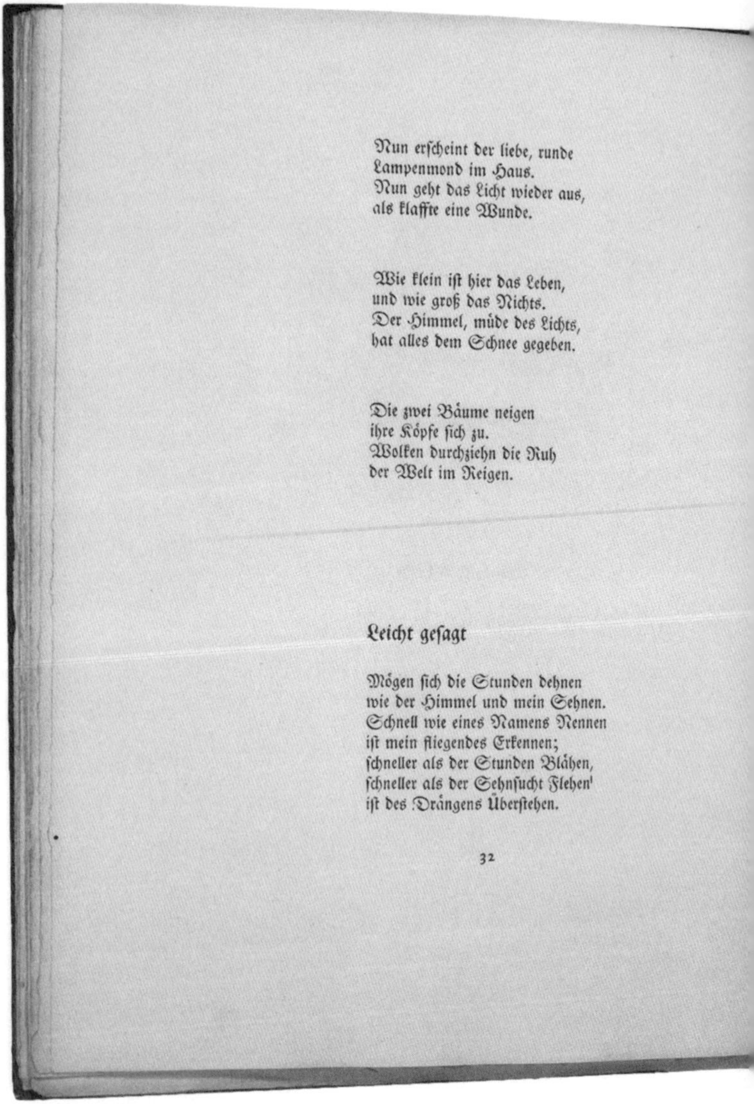

Nun erscheint der liebe, runde
Lampenmond im Haus.
Nun geht das Licht wieder aus,
als klaffte eine Wunde.

Wie klein ist hier das Leben,
und wie groß das Nichts.
Der Himmel, müde des Lichts,
hat alles dem Schnee gegeben.

Die zwei Bäume neigen
ihre Köpfe sich zu.
Wolken durchziehn die Ruh
der Welt im Reigen.

Leicht gesagt

Mögen sich die Stunden dehnen
wie der Himmel und mein Sehnen.
Schnell wie eines Namens Nennen
ist mein fliegendes Erkennen;
schneller als der Stunden Blähen,
schneller als der Sehnsucht Flehen
ist des Drängens Überstehen.

32

Bangen

Ich habe so lang, gewartet auf süße
Töne und Grüße, nur einen Klang.

Nun ist mir bang; nicht Töne und Klingen,
nur Nebel dringen, im Ueberschwang.

Was heimlich sang, auf dunkler Lauer:
Versüße mir, Trauer, jetzt schweren Gang.

33

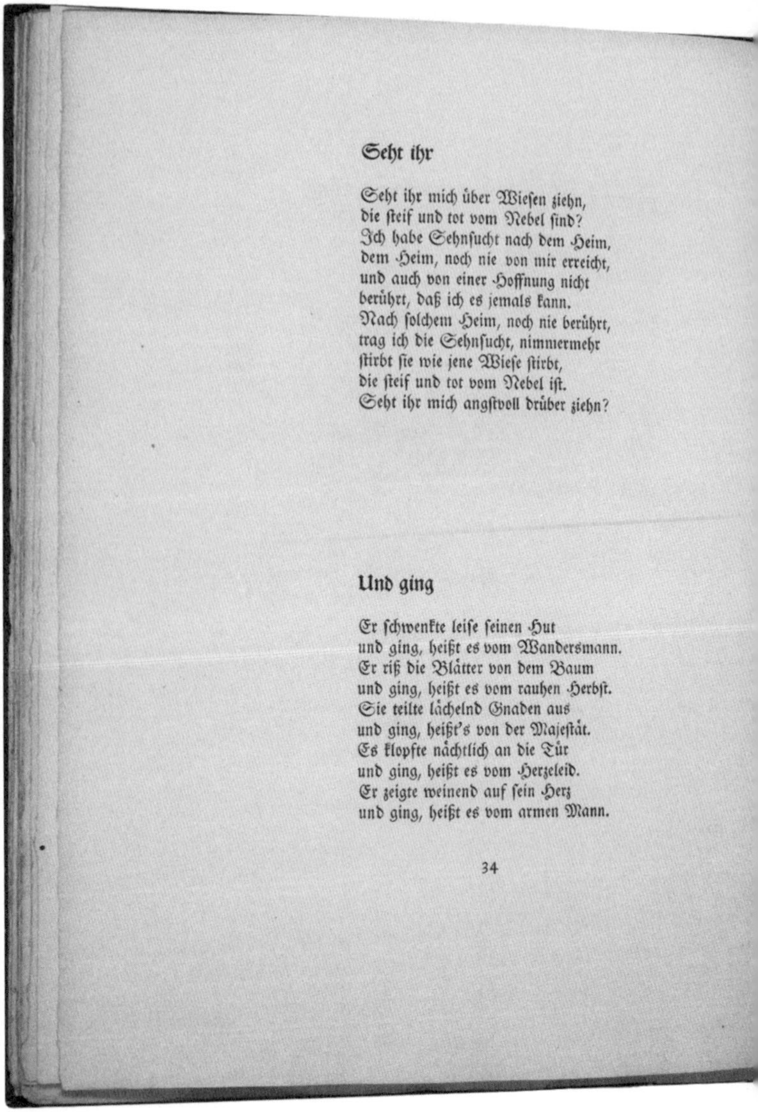

Seht ihr

Seht ihr mich über Wiesen ziehn,
die steif und tot vom Nebel sind?
Ich habe Sehnsucht nach dem Heim,
dem Heim, noch nie von mir erreicht,
und auch von einer Hoffnung nicht
berührt, daß ich es jemals kann.
Nach solchem Heim, noch nie berührt,
trag ich die Sehnsucht, nimmermehr
stirbt sie wie jene Wiese stirbt,
die steif und tot vom Nebel ist.
Seht ihr mich angstvoll drüber ziehn?

Und ging

Er schwenkte leise seinen Hut
und ging, heißt es vom Wandersmann.
Er riß die Blätter von dem Baum
und ging, heißt es vom rauhen Herbst.
Sie teilte lächelnd Gnaden aus
und ging, heißt's von der Majestät.
Es klopfte nächtlich an die Tür
und ging, heißt es vom Herzeleid.
Er zeigte weinend auf sein Herz
und ging, heißt es vom armen Mann.

34

Stunde

Die Stunde kommt, die Stunde geht;
in einer Stunde liegt so viel,
liegt der Gefühle Widerspiel,
liegt Sehnsucht, die wie Frühwind weht.
In einer Stunde spricht der Tag
sein Beten oder Fluchen aus,
und ich bin stets das arme Haus,
gefüllt mit Jubel oder Plag.
In einer Stunde liegt die Welt
nichtsahnend, nichtsbegehrend so,
und ach, ich weiß nicht immer wo
sie ruht und schlummert, meine Welt.

35

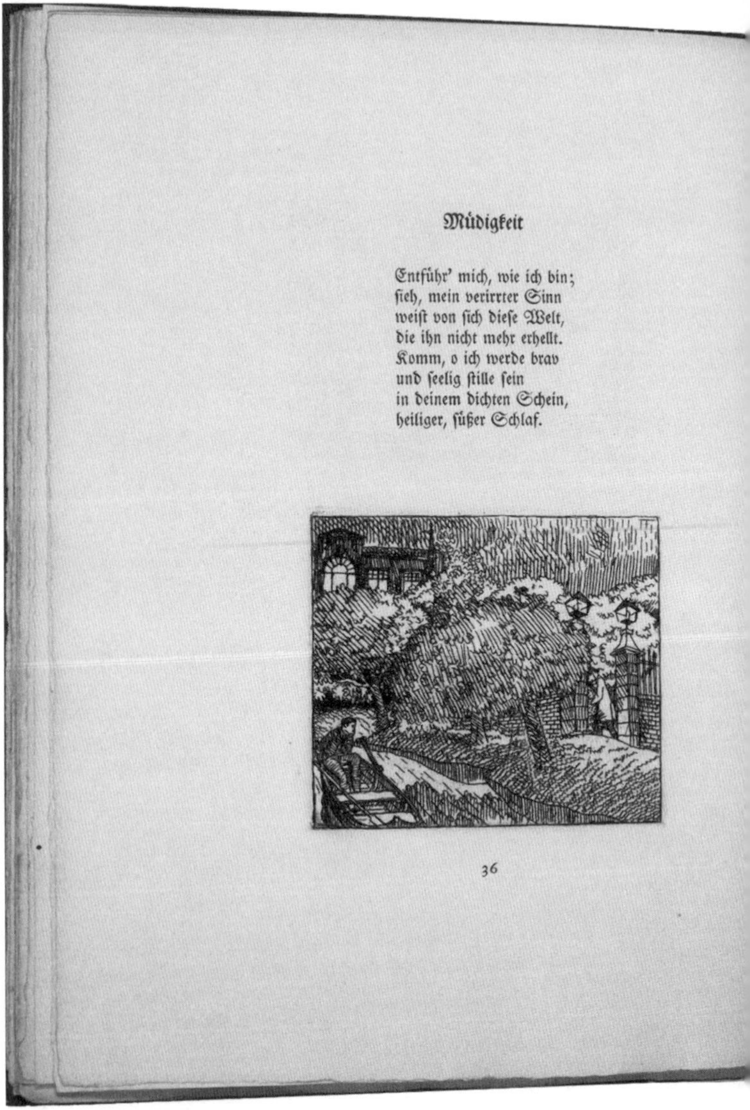

Müdigkeit

Entführ' mich, wie ich bin;
sieh, mein verirrter Sinn
weist von sich diese Welt,
die ihn nicht mehr erhellt.
Komm, o ich werde brav
und seelig stille sein
in deinem dichten Schein,
heiliger, süßer Schlaf.

36

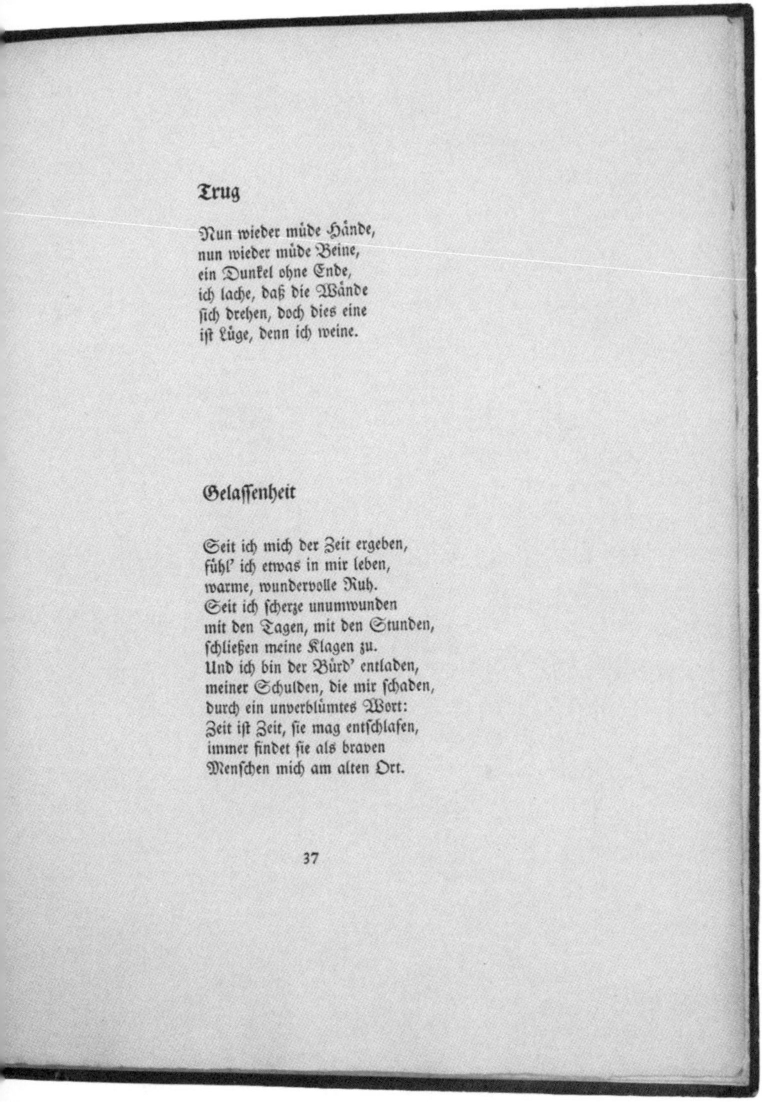

Trug

Nun wieder müde Hände,
nun wieder müde Beine,
ein Dunkel ohne Ende,
ich lache, daß die Wände
sich drehen, doch dies eine
ist Lüge, denn ich weine.

Gelassenheit

Seit ich mich der Zeit ergeben,
fühl' ich etwas in mir leben,
warme, wundervolle Ruh.
Seit ich scherze unumwunden
mit den Tagen, mit den Stunden,
schließen meine Klagen zu.
Und ich bin der Bürd' entladen,
meiner Schulden, die mir schaden,
durch ein unverblümtes Wort:
Zeit ist Zeit, sie mag entschlafen,
immer findet sie als braven
Menschen mich am alten Ort.

37

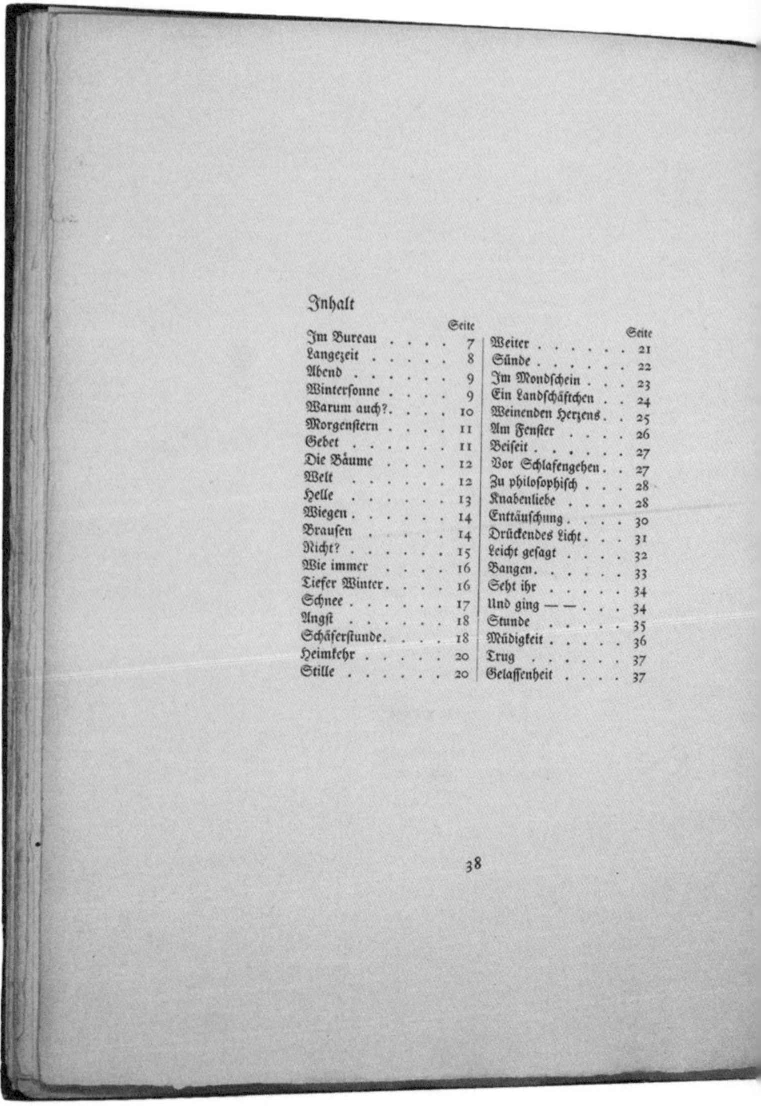

Inhalt

38

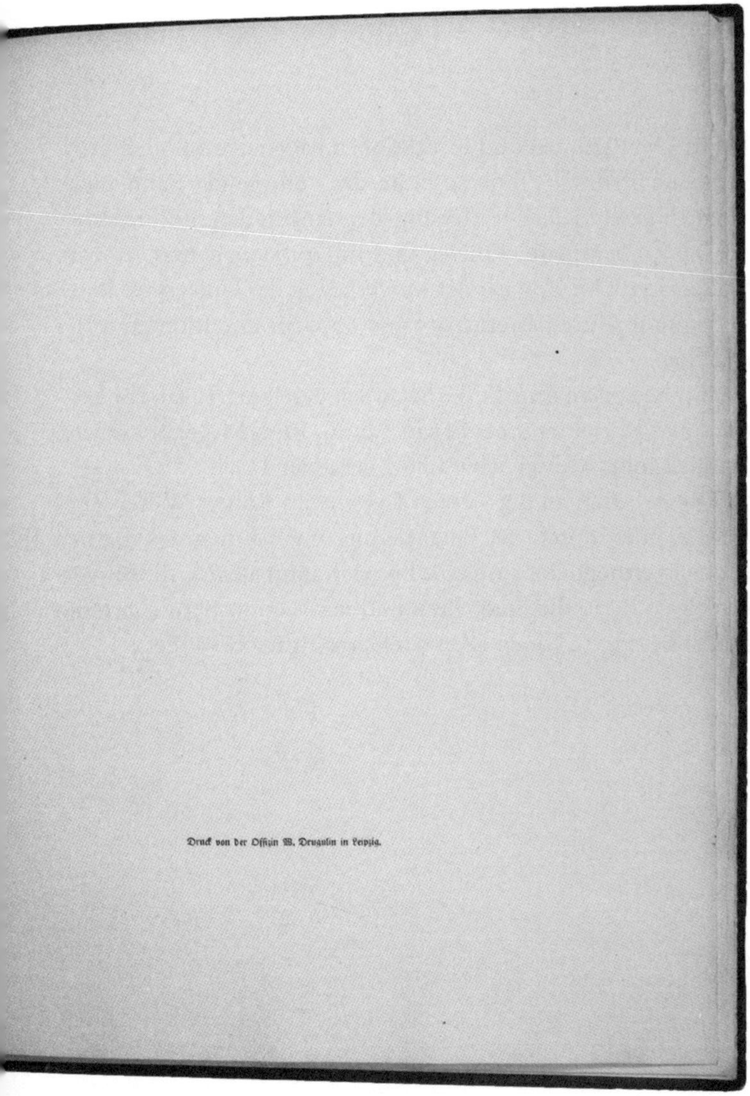

Druck von der Offizin W. Drugulin in Leipzig.

Dank

Zahlreiche Personen und Institutionen haben uns auf vielfältige Weise unterstützt. Ohne sie wäre der vorliegende Band nicht möglich geworden. Die Herausgeber danken den Studierenden der beiden Seminare »Edieren und Interpretieren« und »Robert Walsers Lyrik im Kontext der Moderne« an der Universität Basel in den Frühjahrsemestern 2015 und 2019 für ihre Ideen und Recherchen.

Wir bedanken uns für die Mitarbeit bei Tania Tovar, für Lektorat und Korrektorat bei Erwin Fahrni, Ruth Meyer Schweizer, Arthur Mohr, Muriel Streit und Maria von Tavel.

Die Arbeiten an der Berner Ausgabe im Robert Walser-Zentrum werden durch die Finanzierung im Rahmen des ›Berner Modells‹ ermöglicht, zu der die Berner Kantonalbank, die Burgergemeinde Bern, die Stadt Bern und der Kanton Bern (Lotteriefonds) beitragen. Ihnen allen danken wir ganz besonders.

Literaturverzeichnis

AdB: Robert Walser: *Aus dem Bleistiftgebiet.* Hg. von Bernhard Echte und Werner Morlang. Frankfurt am Main: Suhrkamp 1985-2000.

BA: Robert Walser: *Werke. Berner Ausgabe.* Hg. von Lucas Marco Gisi, Reto Sorg, Peter Stocker und Peter Utz. Berlin: Suhrkamp 2018ff.

GW: Robert Walser: *Das Gesamtwerk.* Hg. von Jochen Greven. Genf und Hamburg: Kossodo 1966-1975.

KWA: Robert Walser: *Kritische Ausgabe sämtlicher Drucke und Manuskripte.* Hg. von Wolfram Groddeck und Barbara von Reibnitz. Basel und Frankfurt am Main: Stroemfeld und Schwabe 2008ff.

KWA^{e}: Elektronische Edition der Kritischen Robert Walser-Ausgabe.

NMB: Neues Museum Biel.

RWHb: *Robert Walser-Handbuch. Leben – Werk – Wirkung.* Hg. von Lucas Marco Gisi. Stuttgart: Metzler 2015.

RWZ: Robert Walser-Zentrum, Bern (Archiv).

SUB HH: Staats- und Universitätsbibliothek, Hamburg.

SW: Robert Walser: *Sämtliche Werke in Einzelausgaben.* Hg. von Jochen Greven. Zürich und Frankfurt am Main: Suhrkamp 1985-1986.

Textzeugen

Drittes Buch. Saite und Sehnsucht. Gedichtsammlung in Manuskriptform, undatiert (RWZ: RW MSG-74).

Lyrische Erstlinge (*Helle, Trüber Nachbar, Vor Schlafengehen, Ein Landschäftchen, Kein Ausweg, Immer am Fenster*). In: *Sonntagsblatt des Bund*, Nr. 19, 8. 5. 1898, S. 149-150.

Gedichte (*Helle, Zu philosophisch, Enttäuschung, Und gieng, Leicht gesagt, Trug, Müdigkeit, Spruch*). In: *Wiener Rundschau*, Jg. 3, H. 18 (Aug. 1899), S. 422-423.

Vier Gedichte (*Wiegen, Träume, Beruhigung, Es kommt mich Lachen …*). In: *Die Insel*, Jg. I/1, Nr. 1 (Okt. 1899), S. 118-119.

Glück. In: *Die Insel*, Jg. I/2, Nr. 4 (Jan. 1900), S. 67.

Fünf Gedichte (*Die Stille, Die Zeit ist lang, Schnee, Nacht, Die Stunde*). In: *Die Insel*, Jg. I/3, Nr. 9 (Juni 1900), S. 356-358.

Ein Landschäftchen. Handschrift, Beilage zu Robert Walser an Richard Dehmel, 12. 5. 1902 (BA 1, Nr. 31; SUB HH: DA Br. W 44/12).

Drückendes Licht. In: *Freistatt*, Nr. 51, 17. 12. 1904, S. 1019.

Gedichte von Robert Walser (*Im Mondschein, Wintersonne, Im Bureau, Kein Halt, Warum auch, Schäferstunde*). In: *Die Opale*, Halbbd. I, T. 1 (Jan. 1907), S. 6-9.

Gedichte von Robert Walser. Mit Radierungen von Karl Walser. Bruno Cassirer Berlin [1909].
Gedichte von Robert Walser. Illustriert von Karl Walser. Bruno Cassirer Berlin [1919].

Sekundärliteratur

Agamben 2003: Giorgio Agamben: *Idee der Prosa.* Frankfurt am Main: Suhrkamp 2003.
Allemann 2009: Robert Walser: *Der Schnee fällt nicht hinauf. Dreiunddreißig Gedichte.* Hg. von Urs Allemann. Frankfurt am Main und Leipzig: Insel 2009.
Baier 2004: Lothar Baier: *Robert Walsers Landschäftchen. Zur Lyrik Robert Walsers.* In: *Text und Kritik*, Nr. 12/12a (4. Aufl. 2004): *Robert Walser*, S. 9-16.
Benjamin 1929/1991: Walter Benjamin: *Robert Walser* [1929]. In: W. B.: *Gesammelte Schriften.* Bd. II,1. Hg. von Rolf Tiedemann und Hermann Schweppenhäuser. Frankfurt am Main: Suhrkamp 1991, S. 324-328.
Bethge 1909: Hans Bethge: *Gedichte. Von Robert Walser.* In: *Das literarische Echo*, Jg. 11, H. 20 (15. 7. 1909), S. 1471 f.
Bethge 1910: Hans Bethge: *Robert Walser.* In: *Allgemeine Zeitung* [München], Nr. 12, 19. 3. 1910, S. 224-225.
Bierbaum 1909: Otto Julius Bierbaum: *Gedichte von Robert Walser.* In: *Die Zeit* [Wien], Nr. 2353, 11. 4. 1909, S. 24.
Binder 1976: Thomas Binder: *Zu Robert Walsers frühen Gedichten. Eine Konstellation von Einzelanalysen.* Bonn: Bouvier 1976.
Blei 1937: Franz Blei: *Robert Walser.* In: *Der kleine Bund*, Nr. 41, 10. 10. 1937, S. 329-330.
Bücherfreunde 1910: [Rezension ohne Verfassername]. In: *Beiblatt der Zeitschrift für Bücherfreunde* N. F., Jg. 2, H. 1 (April 1910), S. 19.
Caduff 2016: Marc Caduff: *Revision und Revolte. Zu Robert Walsers Frühwerk.* Paderborn: Fink 2016.
Dehmel 1893: Richard Dehmel: *Aber die Liebe. Ein Ehemanns- und Menschenbuch.* München: Albert 1893.
Echte 2008: Bernhard Echte: *Robert Walser. Sein Leben in Bildern und Texten.* Frankfurt am Main: Suhrkamp 2008.
Fischer 1987: Uve Fischer: *Armut und Schnee in den frühen Gedichten Robert Walsers.* In: *»Immer dicht vor dem Sturze … « Zum Werk Robert Walsers.* Hg. von Paolo Chiarini und Hans Dieter Zimmermann. Frankfurt am Main: Athenäum 1987, S. 68-79.
Fröhlich 1979: Robert Walser: *Saite und Sehnsucht. Faksimile-Ausgabe.* Hg. von Elio Fröhlich. Zürich: Suhrkamp 1979.
Gigerl/Knüsel/Sorg 2007: Robert Walser: *Tiefer Winter. Geschichten von der Weihnacht und vom Schneien.* Hg. von Margit Gigerl, Livia Knüsel und Reto Sorg. Frankfurt am Main u. a.: Insel 2007.

Greyerz 1919: Otto von Greyerz: *Lyrische Bescherung III*. In: *Der Bund*, Nr. 383, 12. 9. 1919, S. 1f.
Groddeck 2014: Wolfram Groddeck: *Beiseit. Robert Walser und seine Gedichte*. In: *Holligers Walser. Der Komponist und sein Dichter*. Hg. von Heidi Zimmermann. Basel: Paul Sacher 2014, S. 40-54.
Gronau 2004: Peter Gronau: *Robert Walser im Garten der Stile. Jugendstil versus Rokoko*. In: *Text und Kritik*, H. 12/12a (4. Aufl. Okt. 2004): *Robert Walser*, S. 130-141.
Gronau 2006: Peter Gronau: *»Ich schreibe hier dekorativ«. Essays zu Robert Walser*. Würzburg: Königshausen & Neumann 2006.
Keckeis/RWHb 2015: Paul Keckeis: *Gedichte*. In: RWHb, S. 79-82.
Keckeis 2018: Paul Keckeis: *Robert Walsers Gattungen*. Göttingen: Wallstein 2018.
Kellenberger 1981: Irma Kellenberger: *Der Jugendstil und Robert Walser. Studien zur Wechselbeziehung von Kunstgewerbe und Literatur*. Bern: Francke 1981.
Klawitter 2015: Arne Klawitter: *Ästhetische Resonanz. Zeichen und Schriftästhetik aus Ostasien in der deutschsprachigen Literatur und Geistesgeschichte*. Göttingen: V&R unipress 2015.
Korrodi 1919: Eduard Korrodi: *Robert Walsers Gedichte*. In: *Neue Zürcher Zeitung*, Nr. 511, 6. 4. 1919, S. [1]-[2].
Lüscher 2019: *Robert Walsers Ambivalenzen*. Hg. von Kurt Lüscher u. a. 2. Aufl. Paderborn: Fink 2019 (*Robert Walser-Studien*, 3).
Müller/RWHb 2015: Dominik Müller: *Text und Bild*. In: RWHb, S. 283-289.
Nietzsche 1991: Friedrich Nietzsche: *Dionysos-Dithyramben* (1889/1991). In: F. N.: *Sämtliche Werke*. Kritische Studienausgabe in 15 Bdn. Hg. von Giorgio Colli und Mazzino Montinari. Bd. 6, S. 375-410.
Rippmann 1983: Peter Rippmann: *Der Kuss – Leitmotiv bei Robert Walser*. In: *Schweizer Monatshefte* (63), H. 1 (Jan. 1983), S. 62-68.
Servaes 1909: Franz Servaes: *»Gedichte.« Von Robert Walser*. In: *Neue Freie Presse*, Nr. 16048, 25. 4. 1909, S. 35.
Sorg/Gisi 2011: Robert Walser: *Im Bureau. Aus dem Leben der Angestellten*. Hg. von Reto Sorg und Lucas Marco Gisi. Berlin: Insel 2011.
Stiemer 2013: Hendrik Stiemer: *Über scheinbar naive und dilettantische Dichtung. Text- und Kontextstudien zu Robert Walser*. Würzburg: Königshausen & Neumann 2013.
Strinz 2019: Bastian Strinz: *Robert Walsers Prosastücke im Lichte Friedrich Nietzsches. Ein poetologischer Vergleich*. Berlin: de Gruyter 2019.
Thüring 2014: Hubert Thüring: *Schwelle und Glück. Zur Poetik zweier früher Texte Robert Walsers:* Greifensee *(1899) und* Glück *(1900)*. In: *Der Witz der Philologie. Rhetorik – Poetik – Edition*. Hg. von Felix Christen u. a. Frankfurt am Main und Basel: Stroemfeld 2014, S. 140-162.
Widmann 1898: Josef Viktor Widmann: *Vorbemerkung der Redaktion* [zu

Robert Walser: *Lyrische Erstlinge*]. In: *Sonntagsblatt des Bund*, Nr. 19, 8. 5. 1898, S. 149-150.
Widmann 1909: Josef Viktor Widmann: *Gedichte von Robert Walser*. In: *Sonntagsblatt des Bund*, Nr. 12, 21. 3. 1909, S. 95.
Wiener Rundschau 1899: [Redaktionelle Notiz zu *Gedichte von Robert Walser*] In: *Wiener Rundschau*, Jg. 3, H. 18 (Aug. 1899), S. 422-423.